NO VALE DAS
PAIXÕES

HELERIDES LOESCH ROJAS
José Evaristo (espírito)

NO VALE DAS
PAIXÕES

© 2000 Helerides Loesch Rojas

Editora Espírita Correio Fraterno
Av. Humberto de Alencar Castelo Branco, 2955
CEP 09851-000 – São Bernardo do Campo – SP
Telefone: 11 4109-2939
correiofraterno@correiofraterno.com.br
www.correiofraterno.com.br

Vinculada ao  www.laremmanuel.org.br

1ª edição – Abril de 2018
Do 1º ao 3.000º exemplar

A reprodução parcial ou total desta obra, por qualquer meio, somente será permitida com a autorização por escrito da editora. (Lei nº 9.610 de 19.02.1998)

Impresso no Brasil
Presita en Brazilo – Printed in Brazil

COORDENAÇÃO EDITORIAL
Cristian Fernandes

PREPARAÇÃO DE TEXTO
Eliana Haddad e Izabel Vitusso

CAPA E PROJETO GRÁFICO DE MIOLO
Bruno Tonel

CATALOGAÇÃO ELABORADA NA EDITORA

José Evaristo (espírito)
　　No vale das paixões / José Evaristo (espírito); psicografia de Helerides Loesch Rojas. – São Bernardo do Campo, SP : Correio Fraterno, 2018.
　　　　160 p.

　　ISBN 978-85-5455-005-9

1. Romance mediúnico. 2. Espiritismo. 3. Literatura brasileira. I. Rojas, Hekerides Loesch. II. Título.

CDD 133.93

SUMÁRIO

O comportamento vicioso........................... 8

Expectativa por mudanças....................... 20

Morte de Otaviano e Violeta.................... 28

Visita ao Vale das Paixões....................... 38

A desencarnação de Pedro...................... 56

O aguardado resgate 68

A fuga para a Terra................................ 72

Retorno ao Vale das Paixões.................. 88

Novo socorro.. 94

De volta a Pouso Alegre....................... 112

O despertar em Pouso Alegre 120

Uma nova reencarnação....................... 130

O reencontro com Madalena................. 136

A reencarnação..................................... 144

O retorno a Pouso Alegre 148

Epílogo 152

O COMPORTAMENTO VICIOSO

GOTAS DE ORVALHO BRILHAVAM ao sol. Pequenas aves sibilavam na praia, à cata de insetos. Na morna areia, passos lentos, mas pesados, ressoavam qual eco imaginário de um pedido ao Criador:

"Senhor, perdoai-o. Tende piedade. É vosso filho como todos nós..."

A prece emocionada repercutia no espaço qual raio fumegante, em súplica enternecedora.

Em um canto do jardim de pequena praça, Vicente sintonizou-se com a rogativa singela e leal. Distanciou--se de suas lembranças e seguiu o eco que pairava no ar. Desceu poucos degraus, caminhou pela praia e junto à pequena embarcação encontrou uma jovem soluçando...

Aproximou-se, tocou-lhe a fronte num gesto amigo e induziu-lhe o pensamento:

– Olá, irmã. Venho em resposta ao seu apelo. Diga-me quais suas provações e por que chora...

A jovem, sacudida de pronto pela mensagem ao pensamento, num relance rememorou:

"Deus, sois tão generoso e bem vos compreendo os desígnios; minh'alma vem há muito tempo amargurada por desatinos causados por meu marido. Sofro! Oh, Pai amantíssimo. Dai-me forças, a fim de ensiná-lo a vos amar... Ajoelho-me e vos suplico: guiai-me..."

O pranto copioso cortou a prece comovedora. Vicente então prosseguiu:

– Senhor, esta irmã sofre por alguém. Ajudai-a, por misericórdia!

Como um jato varando o infinito, no mesmo instante, do céu desceu feixe de luz diamantina, formado de minúsculas gotas de luz que, ao tocarem a fronte de ambos os suplicantes genuflexos, transformavam-se em poderosa fonte de energia. Eram quais focos brilhantes de rara beleza.

Aliviada pelos eflúvios magnéticos, a jovem levantou-se e novamente pôs-se a caminhar lentamente, agora em passos leves, como a flutuar sobre uma nuvem espessa de grãos de areia.

Bendito é o filho que conhece o dom da oração!

***

Em humilde vila afastada do centro, os moradores do local agitavam-se em comentários. A jovem, cabisbaixa, sem prestar atenção ao alarido, caminhava alheia, dirigindo-se a sua simples habitação.

Seguida por Vicente, que em espírito a acompanhava desde sua prece, entrou em casa. Foi quando o ruído se tornou mais intenso. A voz chegada aos seus ouvidos lhe era bem familiar!

Num sobressalto, olhou pela janela de madeira, arrepiando-se pelo calafrio vergonhoso que sentiu. Entre risos e galhofas, ali estava Otaviano. Alcoolizado e sem escrúpulos, fazia-se o centro das atenções.

Madalena afastou-se da janela, gélida de humilhação. Vicente, em evocação mental, solicitou a presença de outros espíritos amigos para colaborarem naquele instante.

O apelo não deixou de ser ouvido e, de repente, Otaviano sentiu-se mal, com o estômago a dar reviravoltas. Sentou-se no chão e pediu ajuda.

Desaparecera o vozerio e dois homens assustados transportaram-no para dentro do lar, acomodando-o na cama.

Olhando para ele, por algum tempo ainda, Madalena manteve seu pensamento ocupado com as desagradáveis cenas a que assistira. Sentia, como qualquer mulher, a humilhação à qual ele a expunha. Casara-se por profundo afeto. Nutrira a esperança de tê-lo por bom marido e companheiro fiel, mas enganara-se. Desejara muito ter filhos. Porém, depois de quatro anos de casamento, conformara-se em não os possuir.

Enxugou as lágrimas, ajeitou as cobertas sobre ele e, mais calma, por sua vez, deitou-se também.

Pouco a pouco, entregando-se ao sono e desligando-se do envoltório físico, surgia Madalena em espírito. Para a surpresa de Vicente, em lucidez, ela cumprimentou-o afetuosa. Sorrindo, ele lhe respondeu:

– Seja bem-vinda. Eu a aguardava para levá-la ao encontro de alguém que a espera.

Assentindo, Madalena partiu em sua companhia. Em segundos, transpuseram grande distância.

Sempre amparada, adentraram um grande salão, onde minúsculas gotas brilhantes desciam da abóbada sem cessar. Conhecia o local. Ali possuía amigos queridos e lembranças maravilhosas. No tapete macio, seus pés deslizaram e, num enlevo divino, caiu de joelhos em pura emoção:

– Meu pai! Que felicidade, que alegria!

– Filha de minh'alma; abrace-me.

Abraçou-o, beijou-lhe a face e sorrindo confirmou:

– Sou imensamente feliz. Ajudarei nosso amigo a encontrar o caminho certo. Perdoe-me as fraquezas, mas farei tudo para superá-las. É preciso, é muito preciso...

Com os olhos úmidos, o pai abraçou-a em reconforto. Tinha consciência do espírito responsável e digno que era sua filha.

– Vai, minha querida, e cumpre o prometido.

Madalena afastou-se e, como se um véu baixasse sobre seus olhos, qual ímã, retomou o corpo físico, despertando de madrugada.

Lembrou-se do pai, sentiu grande saudade e um bem-estar enorme a invadiu. Sorriu, observou o marido e pouco a pouco adormeceu novamente.

Vicente, ao seu lado, novamente tomou-a pelo braço, fê-la sentar-se e, transmitindo-lhe um passe, preparou-a para a tarefa:

– Agora vamos procurar Otaviano!

Percorreram ruas desertas, em contemplação ao cenário noturno. Madalena deixava-se conduzir pelo benfeitor, sentindo-se oprimida e ofegante, com o coração apertado, temendo algo desconhecido.

Rapidamente alcançaram o centro da cidade, que aparentemente adormecido pelo adiantado da hora apresentava em seu cenário espíritos de todas as espécies e com variadas finalidades.

Chegaram frente a uma casa sombria e pararam, preparando-se para a entrada.

Lá dentro, em ambiente esfumaçado, o cheiro do álcool impregnava o salão pequeno e mal-iluminado. Mesas de jogos, onde o dinheiro corria fácil e irresponsavelmente, espalhavam-se aqui e acolá.

Em maior número, os espíritos desencarnados justapunham-se aos encarnados, incitando-os aos desvarios do vício, provocando fortes vibrações inferiores que imediatamente eram consumidas como forma de nutrição.

À procura de Otaviano, ambos esbarraram em um dos espíritos que ria descontroladamente, dando a impressão de regozijo em meio à perturbação.

Madalena, apesar de fortemente amparada, sentia o mal-estar, porém avançava em busca de seu companheiro, que desdobrado pelo sono buscava em espírito o que mais o atraía.

Numa mesa redonda, ao lado de um senhor já idoso, estava Otaviano.

Madalena deteve-se a contemplá-lo, como se nada existisse a não ser ele. Porém o mesmo não se dava com Otaviano, que nem de leve lhe percebia a presença benéfica. Continuava empolgado com o jogo, aspirando o álcool que o outro sorvia. A jovem, indignada, aproximou-se e influenciou-o para que bruscamente levantasse e fosse para fora.

A reação fora tão inesperada que o espírito, reagindo violentamente contra o desejo involuntário, tomou célere o corpo, numa proteção instintiva à casa de moradia.

Madalena também retornou rapidamente ao lar. Acordou e sentou-se ao lado de Otaviano, que despertava agitado, blasfemando.

***

Algumas semanas depois, logo pela manhã, espessa nuvem de poeira circundava as vizinhanças da vila. O vento era forte, as árvores baloiçavam.

Na casa simples, Madalena suspirava pela ausência do marido. Triste, preparava o lar para mais um dia, quando bateram à porta:

– Olá, Simeão, o que há?

– Otaviano está no xadrez. Vamos fazer algo ou deixamos como está?

Não era a primeira vez. Já aprendera a controlar-se e a não se desesperar com tais notícias!

– Eu vou até lá; pode deixar.

Madalena colocou o agasalho e saiu.

Parou diante do prédio, indecisa, depois entrou:

– Pode se aproximar. Otaviano está aqui mesmo.

– Poderia falar com ele? Posso ajudar?

– Desta vez ele ficará alguns dias. Mas pode vê-lo.

O guarda a acompanhou. Abrindo a cela, permitiu-lhe a passagem.

– Minha doce Madalena, meu anjo da guarda. Veio me salvar?

– Vim vê-lo apenas. Precisa de algo?

– Claro, deixa-me ver... Liberdade, dinheiro, boa bebida e umas dezenas de mulheres bonitas, pode ser?

Inconformada diante de tanto cinismo, Madalena chamou o guarda, pedindo-lhe que abrisse a cela.

– Quando sair daqui, sabe onde estou, e mude sua maneira de falar. Está cada vez pior...

A enxugar o pranto, pouco esperançosa da corrigenda do marido, saiu decidida. Não desejava mais permanecer ao lado dele. Iria abandoná-lo. Entrou em casa batendo a porta e, nervosa, juntou os poucos pertences, olhando pela última vez o seu lar, e saiu.

Não chorava, não sorria, não pensava; cansara-se...

Daria outra solução à sua vida, longe de Otaviano, longe de suas humilhações.

O relógio assinalava meio-dia e o fraco sol não conseguira afugentar de todo o frio. Sentada em ala escondida de um jardim, parecia querer esquivar-se de todos e de si mesma. O sentimento de estar errada lhe batia fundo, mas por que haveria de suportar tanto sofrimento e humilhação? Lembrou-se então de orar, pedindo forças para aquele momento:

"Pai, contra vossos desígnios, abandono o homem que desposei, rogando-vos, porém, que o protegeis. Perdoai-me a fraqueza, mas estou ferida demais... Peço-vos orientação, por misericórdia... Não sou indiferente, mas estou cheia de incompreensões. Mesmo assim, lutarei, meu Pai, por vos entender."

Vicente, a seu lado, a tranquilizava docemente, penalizado pela atitude mal pensada e pelo desânimo precoce de quem viera para lutar! Tocou-lhe a fronte, sintonizando seu pensamento com o da jovem, transmitindo-lhe suavemente outras ideias:

– Irmã, os dias de hoje são reflexos de ontem. Quem somos nós para revidar, se tantos erros cometemos?... Se aquele que foi o Mestre dos mestres, o filho prometido do Senhor, sofreu injúrias, calúnias, maus-tratos, e em troca só amou e perdoou, por que nós, ínfimos que somos, temos o direito de odiar? Amai, somente amai, perdoando sempre!

Madalena estremeceu dos pés à cabeça, aceitando como suas as palavras inspiradas:

– É bem verdade, quem sou eu?

Meditou muito e concluiu que seria melhor voltar para casa. Fugir não seria o melhor caminho.

De volta ao lar, refletindo sobre sua vida, absorvia por completo os dissabores que a cumulavam. Lembrara da época em que, mais nova, os pais lhe tinham dedicado toda a atenção e carinho.

Leve estremecer fez com que se concentrasse no

pai falecido há oito anos, sentindo muita saudade: "Papai, seria bom se estivesse agora comigo. Há tempo que não nos vemos. De onde estiver, paizinho, ore por sua filha, incapaz no momento de ajudar a quem ama. Eu gostaria tanto de conversar com o senhor!" Não via, mas pressentia a presença bondosa, ainda que distante, voltando-lhe ao pensamento. Por longo tempo, permaneceu a jovem a sonhar de olhos abertos. Finalmente vencida pelo cansaço, adormeceu, submissa ao controle espiritual.

Em espírito, Madalena apresentava-se distante, opaca e sem vontade.

Vicente, tomando-a nos braços, qual criança indefesa, transportou-a à orla marinha, fazendo-a respirar profundamente, recebendo do ambiente benefícios incalculáveis, e pouco a pouco despertou-a da inércia, conduzindo-a ao presídio.

Uma sala iluminada lhe chamou a atenção. Vicente explicou:

– Todas as noites realizamos palestras, na tentativa de colaborar no aprimoramento aos que aqui aportam. Todos que desejam e tenham condições podem participar. Mas vamos agora ao encontro de Otaviano, que embora esteja em sono, encontra-se em espírito ao lado do corpo.

Conduzida à cela, Madalena transpôs as grades, abraçando-o amorosamente. Tomou-o ao regaço, envolvendo-lhe nos laços de profundo amor. Beijou-lhe o rosto, repetindo:

— "Amai-vos uns aos outros!" Otaviano, escuta-me. Louvemos ao Senhor a graça de estarmos unidos por sagrados laços. Olha-me e relembra depois a paz que ora desfrutamos.

Otaviano levantou os olhos até então cerrados, balbuciando:

— Não me deixe!

Em vésperas de abandonar o presídio, achava-se mais sereno. Os trabalhos espirituais traziam de certa forma paz e serenidade para todos os que ali permaneciam. O guia espiritual responsável pelo setor, incansável em seu dever, trazia sempre palavras amigas a muitos desencarnados que comumente agitavam as dependências. Aos encarnados, inspirava-lhes sempre bons pensamentos, sem contar as palestras noturnas que levava a efeito, a fim de conduzi-los em hora de sono.

Incapaz de não se sensibilizar pelas necessidades de qualquer um de seus tutelados, aproximou-se de Otaviano, levando a ele estímulos superiores:

— Irmão, ajusta-se ao bem; o mal arrecada frutos inconsoláveis para o futuro. Tem amigos raros, dispostos a erguê-lo. Segue a estrela maravilhosa que lhe guia a vida!

Otaviano passou a mão pelo rosto. Sentindo a alma suspirar, lembrou-se de Madalena e sorriu:

— Eu tenho dó. Sei que não faço nada direito! Mas o que fazer? Meus instintos são incontroláveis.

— Todos nós somos a imagem de nosso Criador. Individualidades inteligentes com nossos próprios impulsos e vontade. Temos o livre-arbítrio e não podemos esquecer que recebemos sempre de acordo com o que fazemos.

O encarnado, encolhendo-se, esquivou-se da mensagem, repelindo-a por conveniência. O pensamento sugerido o distanciava de seus desejos, e uma onda repulsora impedira-lhe de criar raízes.

O guia deixou a cela, agradecendo ao Pai por tanta bondade, concedendo-nos o tempo necessário para o nosso aprendizado, rumo à nossa evolução. Enquanto caminhava pelo corredor, parecia ouvir o som de doce harmonia celestial, convidando-o à prece.

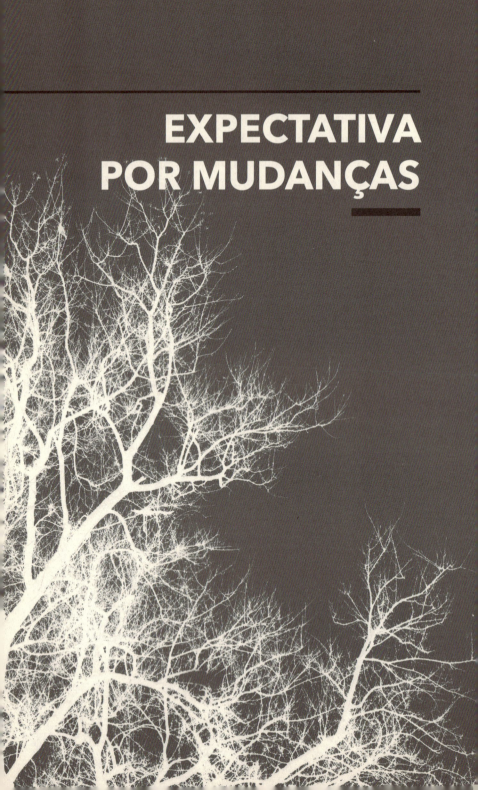

EXPECTATIVA POR MUDANÇAS

MADALENA LEVANTARA-SE CEDO E, enquanto se arrumava para sair, pensava:

"Hoje Otaviano volta, desejo tanto revê-lo feliz! Gostaria de fazê-lo entender tantas coisas e não consigo. Sinto que esse compromisso foi antes de tudo assumido por mim, mas preciso de amparo, pelas tristezas que ainda estão por vir. Alguns dias de paz e eu já seria muito grata!"

Preparou-se e foi ao encontro dele. Ao vê-la, Otaviano demonstrou leve sorriso de agradecimento:

– Olá, nunca se esquece de mim.

– Você é meu marido. Tenho compromissos!

– Vamos embora. Não vejo a hora de respirar ar puro.

Os dias foram passando, e com eles, as esperanças de Madalena. Longe de modificar-se, Otaviano continuava nos mesmos desvarios.

Inúmeras vezes, esboçava malicioso sorriso, sem entender as atitudes da esposa:

– Até onde vai sua fé? Já é tempo de entender que o mundo é aqui! Temos de aproveitá-lo ao máximo. Um dia acaba e viramos cinzas!

– Um dia acaba, sim. Mas não viramos cinzas. E aqui estamos, precisando, por exemplo, de mantimentos. Por que não arruma um emprego?

– Para quê? Você já trabalha por nós dois. Mas não se preocupe, vou sair e trarei dinheiro. Volto amanhã.

Ela esperou que ele saísse e, com firmeza, decidiu que o seguiria. Precisava fazer algo. Do contrário, sabia que suas forças fraquejariam e novamente viria a vontade de abandonar tudo. No movimento costumeiro da região central da cidade, ela o viu bem à porta da casa noturna com outros homens. Sentiu-se inibida para se aproximar, chegando mesmo a voltar sobre seus passos, quando ouviu uma voz atrás de si:

– Aonde vai, mocinha? O que quer?

Voltou-se assustada, incapaz de falar, observando o homem à sua frente.

– Vamos andando, Otaviano quer você no salão.

Empurrada à força, viu-se na presença do marido fulminando-a dos pés à cabeça.

– Anda a me espionar? Pois vai ver o que quer!

Entraram. Sentada ao lado dele, sem pronunciar uma só palavra, arrependia-se do que havia feito.

Otaviano, estouvado como sempre, divertia-se pelo olhar submisso e espavorido da esposa. Encheu um copo de bebida, entregando-o a ela.

– Tome! Vai se sentir bem melhor depois.

– Não bebo, não quero.

Está bem...

– Venha cá, Silvana – falou acenando à moça já acostumada na casa –, faça-me companhia. Sente-se a meu lado. Vamos beber juntos.

Madalena sentiu-se ultrajada, envergonhada. Uma onda de revolta tomou-lhe conta e, incapaz de se controlar, voltou-se contra ele qual fera, dando-lhe um forte tapa no rosto.

Surpreendido, Otaviano olhou-a incrédulo.

– Como é valente a minha mulher! E eu que desconhecia esse seu lado!

Ela sentiu-se com o rosto ardendo e muito mais nervosa. Formou-se um tumulto ao redor do casal e alguém achou que deveria defendê-la, agredindo Otaviano. Este não demorou a revidar, iniciando-se assim uma luta corporal. De repente, Otaviano caiu, batendo fortemente a cabeça, desmaiando.

Não houve outra solução, a não ser levá-lo ao pronto-socorro.

Durante o transporte, ao despertar e observar em meio às sombras o rosto da esposa, lembrou-se de como sentia-se atraído por ela. Mulher que sabia ser dócil e meiga, mas, quando açoitada, sabia se defender e muito bem.

– Perdoe-me – disse-lhe ela –, foi um ato impensado. Quero lhe muito...

As lágrimas desceram sinceras e ligeiras, enquanto Otaviano, puxando-a para perto, fê-la abaixar-se, beijando-lhe o rosto.

– Desculpe, Madalena. Não tenho a coragem que você tem. Eu também gosto muito de você!

A moça, chorando de emoção, tomou as mãos do marido entre as suas, beijando-as por vezes repetidas.

***

Seguiram-se dias maravilhosos para o casal, rememorando a época em que se casaram.

Otaviano em casa era gentil e amoroso, não demonstrando a mínima vontade de procurar os amigos. Madalena, rejuvenescida, cercava-o de carinho, e tudo parecia ir muito bem.

Dois meses assim se passaram serenos: era a paz, a trégua solicitada tantas vezes.

Depois desse tempo, Otaviano começou a inquietar-se. Já não sentia mais a mesma segurança, até que certo dia, enquanto deixava a mente vagar por caminhos que lhe causavam prazer, sentiu forte sensação dominar seu pensamento, como se alguém lhe dissesse:

"Não volta mais? Estamos te esperando..."

"É, já chega! Estou mesmo precisando de ares noturnos"– falou consigo mesmo Otaviano.

À tarde, antes que Madalena chegasse, ele deixava o lar, em busca das antigas paixões.

Vicente, que até então desfrutava da alegria pela ventura do casal, acompanhava atento por ver tão facilmente destruídos todos os bons conceitos que havia inspirado a Otaviano.

Olhando a porta, pela qual há poucos instantes o vira sair, viu a entrada do espírito amigo, pai de Madalena.

– Viu só? Bastou apenas um assoprão, e ele se precipitou novamente!

– Otaviano ainda não se revestiu de força

indispensável contra seus instintos. Não esmoreça, companheiro, o bem sempre vence!

Todas as noites, Madalena via-o sair a pretexto de distrair-se um pouco. Não havia voltado às suas grosserias, mas esquecera-se de muitas promessas. Inconformada com a rápida mudança, sentia-se aniquilada. Olhando-o mais uma vez a se despedir, prometendo retorno breve, arriscou a pergunta:

– Aonde vai? Naquele mesmo lugar?

– Por ora, não conheço outro!

– Hoje vou à igreja. Por que não experimenta conversar com Deus?

Otaviano titubeou na resposta, mas por fim cedeu:

– Está certo, mas só por hoje, e quando terminar a reza, vou aonde eu quiser!

Diante do altar, frente à imagem de Cristo, o casal instalara-se para ouvir as palavras do sacerdote.

Madalena, absorvida pela onda de paz que aquele ambiente de fé emanava, vestiu-se de uma luz que, ao irradiar, cobria o dorso do companheiro. Otaviano sentia-se flutuar e, pouco a pouco, adormeceu, contagiado pelos eflúvios fluídicos de que era objeto.

Acordou sereno quando a missa terminava.

Apoiando-se em seu braço, Madalena aguardava a decisão do marido sem pedir-lhe nada. Ele não se manifestou, voltando amigavelmente para o lar.

Pela madrugada, enquanto descansavam, Vicente os abraçava em espírito, pedindo amistosamente:

– Caminhemos rápido, irmãos! Vamos chegar atrasados à conferência de Irmão Saluciano lá no presídio.

O tema naquela noite era interessante e de extrema importância. Seria abordado o papel de cada um e seus necessários ajustes dentro da sociedade. Saluciano explicou as diversas formas de o espírito se libertar das influências malignas para si e também para a comunidade.

Ao término da palestra, Madalena se aproximou do orador e guia daquela casa, abrindo-se com ele:

– Senhor, tenho mágoas que me doem profundamente. Preciso de ajuda, como proceder com Otaviano.

– Madalena, tem estado muito esquecida de seus compromissos. A fé que sustenta é sua maior força de luz, mas lamenta sua sorte, quando deveria agradecer. A todos nos é dado segundo nossas obras, e a você, filha da Criação de Deus, não foi conferido privilégio algum. Luta e sofre hoje pelos seus desatinos. Seja paciente, tolerante. Mantenha a fé. Ore e confie. Lembre-se de seus compromissos e busque forças para seguir avante.

Madalena levantou-se, beijou a destra do irmão, sussurrando:

– Perdoe-me. Sou insignificante e temo provocar minha própria ruína. Ajude-me, irmão, a cumprir a minha promessa!

Otaviano, a seu lado, não demonstrava o mesmo controle, diante da entidade iluminada. Recuou sem fitar-lhe o rosto. Sentia-se envergonhado pela própria consciência. Escondeu-se no corpo, temendo punição qual criança apanhada em falta.

Madalena, que de nada se apercebeu, continuava orando:

"Senhor, vós que criastes o Universo sem fim, tende piedade de nós, simples filhos que, errantes, vangloriamo-nos de pequenas parcelas conquistadas, esquecendo-nos dos nossos enganos do passado. Em vossa justiça, nos destes o direito de nos erguer, mas que fazer, Senhor, quando nossa memória se apaga e, encarcerados na escuridão do corpo, nos tornamos tão pequenos em nossos sentimentos? Esquecemos as promessas feitas e debalde tentamos soerguer aqueles que amamos, porque perdemos a lembrança da vida espiritual. Rogo-vos, Senhor, por Otaviano. Dai-lhe apenas uma parcela de fé... Auxiliai-me a ajudá-lo e fazei de mim o vosso instrumento de paz!"

Contemplada pelos espíritos que observavam a sua irradiante manifestação de fé, Madalena enxugou os olhos e completou:

– Companheiros, Deus sabe como eu O amo!

Diante dela, luz cristalina projetou-se em forma de cruz, sob a qual se lia: "A fé, sem obra, é morta".

MORTE DE OTAVIANO E VIOLETA

DA PARTE DO PLANO espiritual, Madalena recebia todo o apoio que buscava. Pedia forças para conseguir trazer Otaviano para outra forma de entender a vida. Mas um fato a deixava intrigada: as constantes visitas de Otaviano à casa de dois jovens recém-casados.

Afastava de si qualquer pensamento menos digno, porém não entendia o porquê das frequentes visitas. Era noite quando o viu chegar alcoolizado e, não se contendo, perguntou:

– Esteve na casa dos Fagundes?

– Não! Por quê? Está enciumada outra vez? O que acha que vou fazer lá?

– Não sei...

Otaviano, em seu péssimo hábito de expor-se de maneira tão rude à esposa, continuou sem dar importância às 0:

– Pois bem, estou interessado em duas coisas. Uma: o moço tem dinheiro, e mais dia menos dia eu o levo a jogar. Outra: Bem... Não fique triste, mas aquela mulher dele é um doce!

Madalena, como a se lembrar da promessa de paciência, conteve-se ao máximo, pedindo:

– Eles são moços direitos. Você jamais lucrará nesses investimentos. Por favor, deixe-os em paz!

O riso cortou o ar como chicotada rústica para a pobre Madalena, que apesar do esforço não se conteve.

– Pois bem, faça o que quiser. Mas dessa vez agirei também!

– Você? – disse rindo.

A jovem, sustentada por sua força de vontade, disse para si mesma, em voz alta:

– É hora de aprender a perdoar. Preciso ter força.

Surpreendido, Otaviano resmungou:

– Está bem, está bem... Pare com isso! Não sou nenhum monstro!

– Vamos começar tudo de novo?

– Tudo o quê?

– A nossa vida. Vamos ser um par recém-casado, nos querendo como antes, confiando um no outro?

Ele olhou-a, incrédulo:

– Vou me esforçar, prometo. Os Fagundes nos convidaram para jantar e não posso ir sozinho. Você faria o favor de ir comigo?

– E isto é favor?

– Bem, não é só isso... Eu preciso de muito dinheiro, mas se você tiver um pouco, me empreste. Depois eu devolvo!

– Eu ganho dinheiro trabalhando, Otaviano. Faça o mesmo!

– Por favor, Madalena, eu tenho uma dívida...

– Lá em frente ao bar em que você costuma passar horas há uma construção, e há uma placa pedindo empregados, pois vá se candidatar. Trabalho não mata ninguém! Se quiser, eu vou com você; assim começamos realmente vida nova!

– Está bem... Não quero discutir, mas preciso de dinheiro hoje, e lá não vão me pagar na mesma hora.

– Eu empresto, mas só depois do emprego!

– Está bem, amanhã iremos à tal obra, mas agora me empreste o dinheiro.

Apesar de contrariada pela forma não espontânea pela qual o marido se comprometia a procurar o emprego, Madalena sentia ligeiro bem-estar, ao idealizar uma possível mudança em sua vida.

Eram seis e meia da noite seguinte, quando Otaviano chegou com pressa.

– Estamos na hora, você já está pronta? Os Fagundes nos esperam!

Ao virar-se para responder, Madalena ficou tomada de surpresa, ao ver em suas mãos uma rosa.

– Vamos começar tudo de novo? – disse ele.

Apenas um abraço transmitiu a grande felicidade de que se sentia possuída.

– Ora, ora, meu bem, deixe disso e vamos embora. Para mim nenhuma mulher é tão bonita quanto você! Acredite ou não, Madalena, eu amo você!

Ela sentia-se flutuar, agradecendo e beijando-o repetidas vezes, implorando a ele que mudasse, porque ela também o queria muito e sofria por ele!

Na casa dos amigos, mal transpondo o limiar da porta, brusca mudança operou-se em Otaviano. Deixou de ser o marido apaixonado para ser o homem conquistador. Abandonou a promessa de nova vida para se entregar ao sonho das conquistas que o fascinavam, como o sonho do dinheiro fácil.

Tristonha, Madalena percebia que haviam sido apenas palavras ao vento, pois as características do marido, que tanto pedia fossem por ele deixadas, naquele exato momento se manifestavam com toda a força.

Como sempre, recorria à fé para não esmorecer, mas pouco conseguia dar de si naquele instante. Sentia-se ofendida demais. Misturava amor com ódio, receio com vingança, justiça com humilhação. Erguia-se e sucumbia ao mesmo tempo, incapaz de equilibrar-se.

Mas Vicente ali permanecia e, operando com tenacidade, auxiliou-a a buscar a calma que não conseguia. Tocou-lhe o coração, fazendo-a relembrar da rosa que Otaviano lhe oferecera há pouco.

Confusa em seus sentimentos, Madalena sentiu repulsa. Tentou apagar a cena; conteve as lágrimas... Mas aos poucos, como que tomando em pensamento a flor, aconchegou-a a si, pensando:

"Eu sou mais pecadora do que ele!"

Vicente, tremendamente sensibilizado com a luta interior da jovem, olhou-a com tanta ternura que ela sentiu-se estremecer.

A cada dia mais ele se afeiçoava àquela jovem, sofrendo e sorrindo com ela. Vicente a queria como filha, como irmã, como companheira e amiga.

Inúmeras vezes Vicente perguntara ao pai de Madalena o porquê de sua afeição tão grande por ela. Quem seria? Ao que certa vez ele lhe respondeu:

– Vicente, sente que sua vida se liga profundamente à dela. Deus, através de suas leis justas e sábias, nos permite vivenciar desafios diversos para nossa evolução e aprendizado! Confie e entenda que o tempo é nosso maior aliado.

Desde aquele dia, Vicente colocou-se no lugar de pai, procurando servir na tarefa que lhe competia, agradecendo pelo afeto e pelo exercício do amor. Aprendeu somente a amá-la sem nada mais perguntar.

***

Era tarde da noite quando Otaviano, ao despedir--se muito alegre dos anfitriões, desfechou enigmático olhar ao rapaz e largo sorriso à jovem.

Em casa, Madalena, sem uma só palavra, deitou--se ao leito, vagueando a mente até adormecer.

Otaviano, que apenas aguardava por isso, levantou-se ligeiro e, vestindo-se, precipitou-se para a rua. Parou em frente à floricultura, olhando impaciente o relógio e, ao pressentir passos, sorriu satisfeito.

– Olá, Fagundes, pensei que não viesse!

– Prometi; estou cumprindo.

Entraram sem preâmbulos pela porta tão conhecida de Otaviano. Pedro Fagundes, um jovem de 25 anos, jamais havia penetrado em lugar igual. Sentiu-se contagiado pela nova descoberta, envolvido facilmente pelos lobos devoradores de incautos.

Otaviano encarregou-se das apresentações, oferecendo ao amigo importante seu próprio lugar. Pediu bebida e, fazendo-o sorvê-la de um só trago, encheu-lhe o copo novamente.

— Margarida! — chamou em voz alta —. Venha cá. Este é um grande amigo. Faça-lhe companhia. A moça, acostumada a ver os caídos em armadilha, esmerou-se no atendimento, envolvendo-o.

Otaviano só no olhar entendia-se com seus comparsas. Um deles chamou-o ao lado para assunto particular:

— Como vai ser esta noite?

— Cuidem dele. Tirem o que puderem. Tenho de sair por umas duas horas. Na volta acertarei com vocês o dinheiro.

— Vamos fazer cinquenta por cento, está bem?

— Como está bem? Eu trago o homem, vocês se divertem e ficam com a metade? Nada disso! Como sempre, quem traz o jogador fica com setenta por cento!

Combinado, enfim, ambos voltaram à mesa, onde Pedro, já alcoolizado, ria sob a influência também de espíritos que com ele se divertiam.

— Pedro — explicou Otaviano—, vou deixá-lo com amigos. Preciso ver um caso urgente, mas voltarei rápido.

Despediu-se apressado, sem mais explicações, e saiu ligeiro de retorno ao bairro. Bateu à porta e aguardou. Depois de minutos, aparecia Violeta, assustada pela ausência do marido.

– Senhor Otaviano, não sei onde está meu marido!

– Enquanto a senhora dorme tranquila, ele se aproveita em farra! Há pouco, bateu na porta de minha casa em completa embriaguez. Vim avisá-la que lá repousara por esta noite, para não a molestar.

– Oh! meu Deus. Nunca vi Pedro beber!

Ia a jovem tecendo comentários, enquanto Otaviano penetrava pelo recinto, fechando a porta atrás de si.

– Violeta, ouça-me, não suporto viver sem você!

– foi logo dizendo grosseiramente.

Espavorida, Violeta recuou temendo por sua sorte. Porém, Otaviano, dominado pelo desejo, deu asas aos seus torpes intentos, abraçando-a de maneira grotesca e submetendo-a aos seus caprichos.

***

À tarde, quando Madalena voltava do trabalho, percebeu ligeiro entra-e-sai na casa dos Fagundes. Apressou os passos, e a informação obtida fê-la vacilar:

Violeta estava morta! Suicidara-se!

Entrou apressada na casa, buscando detalhes, e encontrou uma câmara mortuária, onde Pedro jurava vingança.

Pedro, ao vê-la, fulminou-a, bradando:

– Saia! Em breve será viúva também!

Atordoada, ela recompunha as frases ouvidas, tentando resolver o quebra-cabeça:

– Senhor Fagundes, eu não o entendo...

– Seu marido é o culpado. Eu sei de tudo!

– O que fez Otaviano, meu Deus?

Às ofensas e com pouco cuidado no palavreado, Pedro esclareceu Madalena sobre como entendia os fatos, o que acontecera não só com sua esposa, mas com ele também.

Incapaz de raciocinar, sentindo-se no auge da vergonha, a jovem seguiu em desabalada carreira para o lar.

Escancarou a porta e, vendo Otaviano na cama, entrou desvairada no quarto, arremessando-se contra ele, sacudindo-o por diversas vezes.

Mas, oh, meu Deus Onipotente, nem com toda a força do Universo seria capaz de suportar.

Otaviano estava morto!

O quarto rodou à sua frente e tudo escureceu.

Na manhã seguinte, cada qual fazendo o seu enredo, moradores da vizinhança, tentavam compreender a tragédia diante dos dois corpos sem vida.

NA COLÔNIA ESPIRITUAL, A jovem vestida de branco azulado, reclina a cabeça sobre o ombro paterno:

– Papai, aguardo ansiosa a oportunidade de rever Otaviano. Dói-me profundamente essa longa espera.

– Em breve terá o que pede! Mas quero lhe dar boa notícia. Fui visitar Vicente e deve vibrar de alegria, pois o pequenino tem demonstrado grandes progressos.

– Quando partiu a reencarnar, assegurou-me tantas vezes que voltaríamos a nos reencontrar!

– Nunca nos afastamos em definitivo. Ele não a vê, embora você esteja sempre a seu redor!

– É bem verdade, paizinho. Ainda me intriga esta união de almas que sentimos...

Pai e filha, trocando amáveis palavras em palestra confortante, seguiam para a sala de reuniões, onde alguns espíritos acertavam os últimos preparativos de uma expedição que se faria ao Vale das Paixões. No amplo salão, o responsável por tal feito, um ex-padre que há muito habitava a colônia, explicava aos presentes:

– Irmãos, novamente o Senhor nos glorifica com sua imensa bondade. "Amai-vos uns aos outros", nos disse Jesus, e é assim que iremos até esses irmãos menos afortunados, estendendo o nosso amplexo fraternal, reerguendo-os a um futuro melhor. Tenhamos fé e confiemos na vitória do bem...

A doce figura de Madalena agradecia em prece pela oportunidade, pois, se conseguira equilíbrio, somente o amor a Deus lhe havia conferido, e agora, finalmente, depois de dois anos de vida espiritual, poderia rever aquele que tanto a preocupava e quem sabe trazê-lo para perto de si.

No dia seguinte, logo pela manhã, já ia longe a caravana. Rumava por estrada conhecida para posteriormente entrar em zona nebulosa, onde o frio dominava. Por vezes, o silêncio era absorvente e, por outras, ouviam-se murmúrios por toda parte.

Não raro, a paisagem modificava-se, porém nada havia de embelezador. Na verdade, a realidade era tétrica, a dar calafrios em almas não acostumadas ao desembaraço para tais missões. Alguns dos caravaneiros eram estreantes, por isso olhavam estupefatos, não contendo a curiosidade. Irmão Amaro, adivinhando-lhes os pensamentos, explicava:

– Nada há de estranho. Vocês que ainda não se adaptaram a ver espiritualmente. O que veem é fonte da força universal que se propaga em forma de irradiação fluídica, concernente à mente dos habitantes locais, que transformam a paisagem de acordo com seus pensamentos ou necessidades. E, aproveitando o instante, sugiro fazermos uma prece em auxílio a todos para que sejamos envolvidos pela luz do Criador!

Antes da prece, porém, um expedicionário aproximou-se e lhe perguntou, curioso:

– Por que o senhor se veste como padre?

– Na Colônia, há espíritos de toda espécie de ocupação útil à comunidade. Tendo cada um de nós exercido atividades diversas em nossas várias encarnações, nos apresentamos também de formas variadas, conforme seja preciso para que nos identifiquem. Em verdade, a nossa aparência está vinculada às propriedades plásticas do perispírito, que sob o comando da nossa vontade e pensamento pode se adequar ao nosso desejo ou necessidade.

***

Na tarde seguinte, chegaram a Pouso Alegre, lugar destinado a primeiros socorros. A expedição entrou em pátio rústico, onde a vegetação se acanhava em expandir-se. Irmão Gustavo, o responsável pela casa, já os aguardava sorrindo, expressando gratidão no olhar. Abraçou um a um, convidando-os a entrar e a lhes mostrar algumas das dependências daquele abrigo.

– Nesta ala – dizia– temos companheiros já bem equilibrados, pois em breve iniciarão aulas de reabilitação e estarão aptos a novas tarefas.

Caminhando, entraram por um corredor onde se viam quartos de ambos os lados:

– Estes irmãos ainda relutam muito em aceitar sua nova condição, a vida espiritual. Possuem vários hábitos que adquiriram quando encarnados. Aos poucos temos de lhes ensinar que já não se devem alimentar de efêmeras ilusões.

– Há muito estão aqui? – perguntou um deles.

Em Pouso Alegre não, mas na vida espiritual, a maioria sim.

– Por que não lhes dizer que estão desencarnados, e que devem agir como tal?

– Seria como arrancar a criança da infância para a fase adulta. O corte brusco da constituição de vida para eles traria prejuízos incontestáveis para o futuro! É preciso paciência e amá-los muito!

Uma breve pausa ocorreu, quando o amável anfitrião se expressou:

– Infelizmente, nesta outra seção não lhes é permitida a entrada.

– São perigosos esses espíritos?

– Oh, não! Sequer os verão, pois dormem. Mas, para nos aproximarmos, precisamos de condições especiais, porque libertam-se de vibrações inferiores, expelindo aos poucos os fluidos grosseiros que os intoxicaram quando encarnados.

– São toxicômanos?

– Alguns sim; outros, não. Em geral, são aqueles que se deixaram dominar por qualquer paixão viciosa!

– Há muitos trabalhadores aqui?

– Sim, e a maioria são os recuperados que, por agradecimento ou compromisso, integram-se no dever de auxiliar a quem precisa. Bem, agora vamos ao salão onde nos reunimos, como é também de hábito na Colônia Irmão Agostinho, para a prece de agradecimento.

Eram seis horas quando a prece teve início. Irmão

Gustavo solicitou à Madalena que a fizesse, enquanto uma das internas dedilhava suave melodia ao órgão.

Sensibilizada pela escolha inesperada, Madalena emocionou-se, assentindo o pedido especial.

Transportou-se de tal forma na sinceridade da fé que flutuou ao primeiro contato com seu sentimento elevado, sob os acordes harmoniosos que invadiam o ambiente.

Oh! maravilha suprema, quando a alma sente o Criador e expande-se em todo o amor que possui!

A túnica azulada brilhava muito alva, espargindo reflexos luminosos por todo o salão.

Ao terminar, os presentes enxugavam as lágrimas, agradecendo infinitamente a vida que lhes fora concedida.

Irmão Amaro, que se elevara também em prece com Madalena, coroava-se de fortes raios argênteos, com sua túnica translúcida, brilhante.

***

A partida para o Vale fora simples. Viajaram em uma espécie de ônibus, e em apenas três quartos de hora já estavam no local.

A escuridão era dominante. Por essa razão, instalaram aparelhos semelhantes a holofotes, e foi quando se viu grande cratera a se abrir no chão, revelando ambiente desolador. Os menos preparados recuaram, intervindo imediatamente Irmão Amaro.

– Amigos, nós aqui estamos como espíritos que já desfrutam de certa paz. É mister que não nos esqueçamos de que existem criaturas, nossos semelhantes, que sofrem. Muito já recebemos para podermos dar! Vamos amá-los, procurando compreender suas dores e dificuldades, que sabemos serem provisórias e que solicitam nosso auxílio fraterno.

Equilibrada novamente a harmonia, distribuíram-se faroletes e equipamentos adequados ao trabalho e, assim, com uma prece, iniciou-se a descida ao Vale. Por questão de sintonia vibratória, naturalmente, os socorristas eram invisíveis aos olhos de seus moradores.

O ar carregado demonstrava a qualidade da vibração emitida. Foi quando Irmão Amaro explicou:

– Há aqui espíritos que não se interessam por nossa intervenção. Identificam-se com o meio em que vivem por ser o único que conhecem. Porém existem também espíritos que para aqui vieram, atraídos por motivos diversos, vivendo aprisionados pelos demais. Tentaremos libertá-los, uma vez que esses já aceitarão com mais facilidade a nossa aproximação.

Puseram-se ao árduo trabalho de preparação do socorro, sem qualquer intercâmbio ainda com os sofredores.

***

Enquanto isso, Irmão Gustavo deixava Pouso Alegre e dirigia-se à Terra, a fim de supervisionar uma reunião espírita que logo seria iniciada entre os encarnados.

Eram dezoito horas e quarenta minutos quando entrou em contato, no Vale, com o Irmão Amaro:

– Todas as providências já foram tomadas. As ligações fluídicas entre encarnados e o plano espiritual já estão estabelecidas.

Às vinte horas e trinta minutos teve início a reunião entre os encarnados. No plano espiritual, uma faixa fluídica luminosa chegava em uma estação de transmissão instalada a um quilômetro da Terra e, de lá, era direcionada para a borda da cratera do Vale, onde outros espíritos socorristas se incumbiam de fazê-la atingir os sofredores que em seu interior se aglomeravam.

O jato fluídico envolvia o doente, amortecendo o estado de consciência de todo aquele para o qual soara a hora de desvencilhar-se da opressão sofrida, por seu merecimento e sinais de interesse em mudança. Após exaustivo trabalho, foram resgatados os espíritos dominados, que adormeciam, sentindo-se aliviados com a ausência dos obsessores.

Aos poucos, os socorristas iam-se tornando mais visíveis a eles, formando silhuetas aos seus olhos. Instintivamente, num apelo à sobrevivência, clamavam por socorro. Assim, com a colaboração dos encarnados, fazia-se um pouco de luz a quem se perdia em trevas. Macas chegavam ao subsolo para que os enfermos fossem transportados ao ônibus, que seguia imediatamente a caminho de Pouso Alegre.

Recém-chegados, eram acomodados em camas e recebiam o conforto necessário. Alguns pediam alimento e água. Todos buscavam a penumbra, uma vez que só com o tempo acostumar-se-iam novamente com a claridade.

***

A cada dia, os componentes da caravana mais se afeiçoavam aos espíritos procedentes do Vale, não só pela convivência, mas também pela aprendizagem efetivada.

Madalena, prestativa, desdobrava se em trabalho, sem qualquer palavra de desânimo. Os doentes mostravam sensíveis melhoras, e alguns dirigiam-se amistosos a ela:

– Dona Madalena, quando voltarei para casa? Já não sem tempo, sinto-me bem e preciso voltar!

– Calma, um dia visitará os seus!

Um senhor afirmara à jovem senhora que havia formulado a pergunta:

– Mas que engano o seu! Seus familiares não a esperam, tem-na por morta!

– Não estou morta!

– Ora, vamos parar com isso, apaziguou Madalena. Na verdade, nossa irmã tem razão. Nós não morremos, só mudamos de moradia, e nos é permitido visitar os familiares assim que temos condições.

A conversa rumava interessante, quando Madalena ouviu gritos de alguém em desespero.

Atravessou o corredor e chegando ao quarto sentiu-se aturdida com a gritaria da enferma que andava de um lado a outro. Manteve-se distante, enquanto Irmão Gustavo acalmava-a por meio de passes magnéticos. A custo, ainda com a respiração ofegante, ele conseguiu deitar a jovem na cama.

Madalena, com compaixão, aproximou-se do leito e precisou de esforço por não se desequilibrar, ao ver a jovem desfigurada, mas conservando ainda os traços que a identificavam:

– Violeta! Meu Senhor, é Violeta!

Ao ouvir seu nome pronunciado, a enferma levantou-se de pronto, novamente aos brados:

– Assassino! Assassino! Ele é meu assassino.

Madalena sabia que as palavras proferidas eram para Otaviano, e a mente que aprendera a ser mais equilibrada descontrolou-se. Agarrada à doente, esqueceu-se por completo de que era um espírito socorrista e pôs-se a gritar:

– Otaviano, onde está Otaviano? Responda...

Irmão Gustavo, bondosamente, porém firme, puxou-a para trás.

– Irmã, não posso aprovar o seu descontrole. Tem estado ao lado de necessitados, incutindo-lhes ânimo, boa vontade e paciência. Demonstrou hoje não ser diferente dos enfermos que atende! Onde está a sua fé?

– Perdão, senhor, perdão! Foi inesperado tal encontro. Não ignora o quanto tenho pedido para ver Otaviano, sendo a resposta sempre a mesma: "Aguarde, um dia."

– O fato de encontrar essa jovem não significa que ela possa lhe dar a informação desejada. Ele mesmo precisa de muitos cuidados.

– É bem verdade...

– Por hoje descansará. Amanhã retornará ao trabalho!

Madalena, em seu quarto, chorava silenciosamente por seu impulso infeliz e pelo espírito daquele a quem tanto amara e continuaria amando.

Na Terra, não fora outro seu pensamento, a não ser o de protegê-lo. Desejaria muito ajudá-lo, porém, como sempre, não sabia por onde começar. Ajoelhou-se, elevou seu pensamento e novamente venceu os impulsos negativos por meio da prece:

"Senhor, que direito eu, humilde pecadora, tenho de perturbar a paz de minha irmã atormentada? Amo Otaviano, mas se ele a tem feito sofrer terá de que se redimir... Quanto a mim, estou pronta para ser paciente, aguardando o dia em que Vossa Providência nos coloque um diante do outro!"

Era muito cedo. A aurora mal raiava na casa espiritual, quando Madalena, tomada de disposição, dirigiu-se ao trabalho. Entrou em suas dependências, e os enfermos, ao vê-la, sorriam como crianças a quem se lhes devolve a mãe.

– Bom dia, Madalena, que alegria!

– Bom dia, querida; descanse mais um pouco.

– Estamos bem – respondeu outro. Já descansamos o suficiente.

– Pois bem, então vamos orar para que nosso dia seja excelente; depois eu os acompanharei até o pátio.

Levados alguns em cadeiras de rodas, outros apenas apoiados em seus ombros, os pacientes de Madalena sorriam radiantes, ao se verem ao ar livre, em contato mais direto com a natureza.

Acomodando-os com a natural desenvoltura que só a dedicação constante confere, carinhosamente lhes explicou:

– Meus irmãos, vou deixá-los em companhia de Estela, essa grande amiga e enfermeira. Peçam a ela o que desejarem e travem conhecimentos com outros internos. Assim terão seus dias bem mais suaves, vivendo em comunidade, aprendendo a amar e a respeitar os semelhantes.

Afetuosa, abraçou a todos e afastou-se para o gabinete, onde Irmão Amaro a aguardava:

– Entre, minha filha! Madalena, não ignora que Violeta veio do Vale, e posso lhe assegurar que Otaviano lá se encontra!

A frase, dita francamente, fez a moça estremecer.

– Mas não se iluda, contando com a saída dele por tão já. Você será incumbida de lançar-lhe luz, porém antes deverá regressar à nossa Colônia, aperfeiçoar-se, fortalecer-se, e certamente depois o trará consigo!

– Senhor...

O pranto volumoso lhe escorria pela face lúcida do compromisso enorme, mas sabia que era seu, por motivos ignorados até então!

– Prepare-se, filha, e voltará mais tarde em busca daquele que lhe é tão caro!

Antes de regressar à Colônia, Madalena desceu à Terra em visita a Vicente. Entrou no lar onde a criança nascera, vendo-a dormir. Velou-lhe o sono por instantes, orou a seu favor e, sorrindo, despediu-se. A mãe, que entrava no quarto, olhando-o expressou satisfação:

– Dorme em paz o meu anjinho, pois sorri! Na certa, alguém o protege!

Em retorno rápido, ainda guardando a imagem do pequeno, Madalena atingiu as divisas da Colônia, lar que a abrigava.

Atravessou as alamedas laureadas pela natureza, abraçando saudosa os amigos que deixara:

– Papai, também veio à minha espera!

– Com saudade enorme...

– Eu também, mas muito feliz, pois como o senhor sabe, irei para a escola espiritual. O senhor me acompanha até a orientadora de estudos?

Entrando no gabinete da orientadora, onde tudo era graça e beleza, viu-a sentar-se juvenil e amável, convidando-a a fazer o mesmo.

– Estou feliz por saber que deseja aprender um pouco mais e lhe desejo boa sorte. Estudamos pela manhã, e à tarde colocamos em prática o aprendizado. Assim nunca nos afastamos do trabalho construtivo. Aos domingos, temos horas de lazer e em contato com a natureza expressamos todo o amor e agradecimento ao nosso Criador.

Madalena sentia pela vibração emanada que a jovem à sua frente era um espírito já mais amadurecido, refletindo no semblante a pureza que acumulara na alma.

– Quando devo transferir-me?

– Daqui a duas horas passará o transporte. Terá tempo de despedir-se dos amigos!

Chegada a hora, entrou no veículo e acomodou-se ao banco, olhando por uma das várias janelas.

À medida que o carro deslizava pelas largas alamedas, ela mais se encantava. Árvores frondosas, com suas enormes cúpulas, sombreavam outras tantas flores multicoloridas, que ornavam os vastíssimos jardins. Dir-se-ia que a mão de um artista as delineara, em esplêndido bom gosto e sintonia, fundindo em arte e amor a criação da natureza.

O carro parou frente a um prédio todo branco, de amplas escadarias, tendo à sua frente enormes colunas. Construção com cerca de oitenta anos, dado o estilo predominante.

Sentiu as pernas vacilarem ao subir degrau por degrau da majestosa arquitetura. Ao chegar ao topo, um senhor gentilmente lhe abriu a porta, convidando-a a entrar.

Na secretaria, a jovem ao balcão chamou-a e ela prontamente perguntou:

– Quando começo as aulas?

– Amanhã. Você está mesmo com pressa – respondeu-lhe sorrindo a secretária.

Em seu aposento, deslumbrada ainda e vibrando de emoção, debruçou-se no parapeito de janela, sentindo o ar puro da noite estrelada.

***

A sala de aula era ampla e clara. Sentia-se ansiosa e um tanto temerosa, quando o professor entrou com um confortante sorriso.

A aula teve início e, à medida que o professor se expressava, um foco de luz irradiante se fazia presente junto à fronte de cada aluno, como a celebrar a oportunidade do aprendizado recebido.

Na tela panorâmica, a cena deixava mais nitidamente gravada a aula, administrada com maestria.

A cada dia, um novo conhecimento, tendo sempre por base o amor a Deus, acima de tudo, e aos semelhantes como a nós mesmos. Chegado o domingo, os alunos, em confabulação com os professores, procuravam detalhes sobre o que lhes tocava mais diretamente.

No jardim, sentados nos bancos ou na relva, Madalena e os colegas ouviam uma das alunas mais antigas explicar aos recém-chegados:

– É assim, irmãos, que nós nos destinamos à evolução contínua, e por essa razão compete-nos avançar em todas as direções. Aqui, não temos diplomas, temos méritos. Ficamos o quanto for necessário e Deus assim o permitir. O tempo passou e, oito meses depois, a classe obteve uma semana de licença. Ao se despedirem para breve retorno, levavam consigo a certeza de que lá não havia cobranças, mas exemplos espontâneos. Era preciso não só gravar os ensinamentos, mas também transmiti-los e colocá-los em prática.

Madalena foi para a Colônia. Chegando, abraçou todos os amigos, visitou os doentes, confortando-os, saltitando de felicidade a cada um que encontrava restabelecido ou apresentando melhoras.

Por uma semana, foi enfermeira, mãe carinhosa, amiga de todos. Ao despedir-se, encontrou a prece a seu favor nos lábios dos amigos. Eles sabiam que ela estava aprendendo a lição.

***

De início, as aulas assemelhavam-se às anteriores, em recapitulações rápidas. O curso propriamente dito iniciou-se na semana seguinte, com aulas práticas e teóricas, abrangendo a ciência e a filosofia. Os ensinamentos visavam ao atendimento ao homem, enquanto ser espiritual, facultando a cada aluno a escolha de aprofundar-se na matéria que desejasse.

O estudo da mente, importantíssimo, permitia o contato mais direto com encarnados obsidiados por desencarnados que lhes eram afins.

Madalena, encantada, dedicava-se com afinco à matéria, descobrindo um novo mundo, onde o pensamento era força universal e a base de todas as nossas atitudes e futuros progressos.

A reencarnação, outro tema abordado durante o curso, foi de interesse sem igual. Todos se desdobravam por assimilar o conteúdo da aula e, para exemplificá-la, cada um expunha em breves palavras sua última encarnação, suas falhas e possíveis meios de vencê-las. Assim, rememorando, aprendiam em conjunto.

Sabiam que durante a encarnação o espírito passava por momentos difíceis, necessários ao seu reajuste futuro. Também, que nem sempre resgatamos todas as falhas que deveríamos, e muitas vezes isso acontece por intervenções benéficas a nosso favor. De volta à pátria espiritual, é mister uma análise para, se necessário, saldar o restante, pois nossos bons atos nos redimem de pequenos débitos.

Dois anos se passaram em aprendizado contínuo, e Madalena despedia-se da escola espiritual, retornando à Colônia Irmão Agostinho.

Lá, o pai que deveria regressar ao mundo físico a aguardava para as despedidas.

Ambos sabiam que novos rumos deveriam ser tomados: ele na Terra, ela no espaço. Nos meses seguintes, Madalena dedicou-se em diversos campos, com afinco, sempre aguardando o momento de rever Otaviano. Sabia que precisava trabalhar, amar e esperar.

A DESENCARNAÇÃO
DE PEDRO

NA BELA TARDE, FIM de inverno, as alamedas engalanavam-se, preparando-se para a primavera. Os olhos de Madalena distanciavam-se além, na busca incerta da imagem querida. Seu coração, preenchido pelo amor, mergulhava em doce atmosfera e cantigas de esperança.

Suave e bela, Madalena tinha sua túnica azulada, sombreada apenas pela tristeza das recordações.

Tênues raios transpassavam pelas árvores, anunciando o crepúsculo, quando Irmão Amaro aproximou-se:

– Irmã, tenho boas notícias...

– Sim, minha enferma melhorou?

– Não se trata de seus enfermos, mas de você! Irmão Gustavo nos visitará amanhã e gostaria que você o acompanhasse a Pouso Alegre.

A jovem estremeceu, atracando-se ao amigo:

– Será esse o dia tão esperado?

– Pode ser, minha irmã, pode ser...

Três dias depois, Irmão Gustavo, Madalena e dois enfermeiros deixavam a Colônia rumo a Pouso Alegre.

O caminho feito, mais curto e direto, pareceu-lhe menos sombrio.

– Por que, Irmão Amaro, quando nos levou a Pouso Alegre, seguiu por trilha mais densa e longa?

– Por necessidade. Anos atrás, não caminharia por esta estrada! O espírito, quanto mais apurado, mais leve se torna, locomovendo-se e observando coisas que outrora não conseguiria.

Pouso Alegre também sofrera modificações. O pátio agora se estendia mais além, embora as flores ainda se acanhassem a desabrochar, como se a natureza lhes imprimisse respeito ao sofrimento de outras criaturas, filhas do mesmo Pai.

Novas dependências se apresentavam e muitos colaboradores circulavam de lado a lado, atarefados.

Irmão Gustavo explicava os novos progressos, quando Madalena, deslumbrada de alegria, reconheceu a jovem que vinha em sua direção:

– Violeta, que felicidade revê-la, e quanto me apraz senti-la tão bem!

– Ainda não me sinto bem. As lembranças ainda me destroem e sua presença é foto viva do passado. Sofro profundamente.

– Muito tempo já se passou e ainda fala como se fosse ontem. Gostaria muito que me amasse como eu a amo, e perdoasse aquele que lhe ocasionou tantos sofrimentos.

– A você talvez, mas a ele nunca! Desejei rever Pedro e quando foi possível assim o fiz. Foi terrível sentir que minha presença o feria. Sofri, desvairei-me por completo. Foram precisos meses para que eu raciocinasse novamente. A cena que observei me magoou muito e, quando a recordo, associo-a a seu desventurado marido, autor de tudo!

– Não o repita, Violeta! Otaviano é infeliz o suficiente para dele nos compadecermos. Sua cólera não a libertará do pesadelo e só terá novas chances futuras perdoando-o. Não lhe basta que ele ainda esteja no lugar em que você foi há muito socorrida? Bem o conhece e sabe que lá não se desfruta da paz que aqui conhecemos.

Irmão Gustavo, paternal como sempre, tomou as mãos de Violeta entre as suas, transmitindo-lhe a necessária calma.

– Violeta, ore e confie. Grande é o passo hoje em seu próprio favor. Aprenda a perdoar e não culpe os outros pelos erros cometidos. A ninguém é dado o direito de exterminar a própria vida, e quem infringe a Lei sofre-lhe as consequências. Você ainda entenderá os motivos por que passa por essa tão dolorosa experiência!

– Como assim, Irmão? Jamais traí meu marido e nunca a sombra de uma aventura marcou-me a vida...

– A qual vida alude? Quantas reencarnações já teve? O que foi em outra? Não sabe. E lhe afianço que nada vem sem justa causa. Otaviano talvez tenha sido apenas o instrumento à sua necessária expiação.

– Escolhi a morte mediante a vergonha, e fui digna!

– Não blasfeme contra a Criação, que lhe concedeu o corpo como santuário. Em hora alguma foi digna em exterminá-lo, pois vê que não morreu e sente as consequências de seu ato. Teria sido digna se, resignada, perdoasse, levando a termo o compromisso da encarnação.

– Irmão Gustavo, compreendo suas sábias razões, mas ainda sou fraca. Aprenderei talvez a amar Madalena, mas Otaviano, que até depois da morte me perseguiu, será difícil.

Madalena aproximou-se e, sem restrições, abraçou-a:

– Querida, nós seremos companheiras nesse reajuste, por termos em comum o mesmo espírito por socorrer. Ajude-me, pois, a realizar o sonho de trazer Otaviano até nós.

Sem palavras ela assentiu, como quem procura, por meio de enorme esforço, reencontrar-se.

O tempo passou e, sendo útil a cada dia, Violeta aprendia a admirar a nova amiga e, pouco a pouco, diminuíam seus ressentimentos contra Otaviano, tendo grandes melhoras como consequência.

Envolta nas meditações costumeiras, a jovem desfrutava de melancólica apatia quando seus acordes mentais flutuavam ao passado.

A lembrança do marido empolgava-a aos devaneios ardentes de reconciliação. Dirigira-se ao diretor, pedindo autorização para ir à Terra e novamente aproximar-se de Pedro. Fora-lhe concedida a permissão, porém iria acompanhada.

Encontraram-no, como havia se habituado, bebendo em um balcão. O bar, frequentado por entidades espirituais tão grotescas a viciadas quanto os encarnados presentes, fervilhava de vibrações negativas.

Violeta assistia à cena, compadecida do marido que se deixara arrastar por caminhos tão baixos. Lembrou-se de Otaviano, estampando-se em seu ser o antigo rancor incontrolável.

– É ele, é ele o causador de tudo!

Em seu ímpeto de cólera, fixou-se friamente em Pedro, que o fez estremecer, porém conteve-se, surpresa:

– Amigo – perguntou ao acompanhante–, vejo filetes entrecortados ao redor de Pedro. São quase imperceptíveis, mas posso distingui-los. O que há?

– Pedro, pouco a pouco, despede-se do corpo. A cada dia, pelo tratamento que dá a si, enfraquece a matéria, prejudicando a ligação do espírito ao corpo.

– Suicida-se?

– Não deixa de sê-lo, embora inconsciente.

– Deus, preciso fazer algo...

Abraçou-se ao marido, suplicando-lhe cuidados, inspirando-lhe outro rumo à vida, sugestionando-lhe o quão triste era o fim de um suicida...

Pedro, apesar de alcoolizado, lembrou-se de passagem da esposa, procurando beber mais, para esquecer a imagem.

Violeta chorava desconsolada. Os espíritos amigos, para seu próprio bem, envolveram-na para o regresso a Pouso Alegre.

Relatado a Irmão Gustavo, pediram-lhe ajuda, intercedendo em favor do irmão caído!

– Iremos ajudá-lo em ocasião propícia. Em poucos dias, Pedro estará entre nós e o favoreceremos.

– Senhor! – exclamou Violeta–, então sabia?

– Sim, por essa razão permiti sua visita. Em breve o terá consigo.

– Virá a Pouso Alegre?

– Possivelmente...

– Irmão, Pedro é um suicida?

– Sem dúvida. Inconsciente, mas suicida, e deverá passar por seu reajuste.

– Quanto tempo ainda ficaria na Terra? E por que esses atenuantes, que eu não tive?

– Pedro ficaria mais dez anos, e por este tempo sentirá as consequências de seu ato. Possui ressalvas, porque você o premeditou e ele, não. Além disso, você tem outro débito a saldar...

Amuada, despediu-se, inquirindo-se sobre seu débito, mas a sua lembrança nada lhe acusava. Esforçou-se em vão na rememoração. Por fim, deixou de lado o esforço pelas lembranças para sintonizar-se com aquele que dentro de breves dias estaria consigo.

No dia que antecederia o desencarne, Irmão Gustavo e auxiliares partiram para a Terra para estar ao lado de Violeta, que já há cinco dias auxiliava tanto quanto possível o marido.

O passe magnético dispersou alguns espíritos necessitados, interessados nas emanações fluídicas do breve desencarne.

Pedro estremeceu ao choque de forças contrárias. Ao alimentar-se, sentiu ânsia, lançou a comida ao chão e, cambaleando, deitou-se na cama tosca e velha, dormitando.

Durante o sono, colocaram-no em espírito junto de Violeta, sentindo o enfermo enorme bem-estar. Distinguiu alguns vultos, e Irmão Gustavo, tocando-lhe a fronte, gravou-lhe no pensamento:

– Pedro, este é seu último dia terreno. Amanhã estará entre nós.

Ao despertar pela manhã, Pedro correu ao bar e sorveu o primeiro gole... Violeta, desesperada, suplicava que não repetisse. Irmão Gustavo, acalmando-a, aproximou-se:

– Pedro! – chamou, paternal.

O ainda encarnado, como se realmente o visse, olhou intuitivamente na direção onde o espírito estava, e a seu pensamento surgiu célere a frase ouvida em sono...

O balconista, estranhando aquele olhar parado, comentou:

– Beba logo, até parece que viu fantasma!

Pedro, largando a bebida ao meio sobre o balcão, sentou-se distante...

Eram quatro horas da tarde e permanecia ainda no mesmo lugar. Seus companheiros de bar estranhavam-no, mas levaram em conta sua embriaguez.

À hora chegada, os espíritos socorristas se aproximaram, formando um círculo vibratório.

Irmão Gustavo pediu aos companheiros para permanecerem nessa concentração até o desligamento. Violeta tremia, nervosa, e foi preciso isolá-la.

A ligeiros toques, o diretor espiritual isolava os cordões fluídicos, cuja ligação com o corpo se enfraquecia, imobilizando-os posteriormente, cada qual a seu tempo.

Pedro debruçou-se sobre a mesa do bar. Irmão Gustavo acompanhava-lhe a fraca pulsação, quando ele tombou a cabeça, caindo ao chão.

Em espírito, Pedro surgia, tão inconsciente quanto na véspera, quando dormira. E Violeta tomou-lhe aos braços qual criança desamparada.

No dia seguinte, na condição de desencarnado, não percebia os espíritos que o auxiliavam. Sentia-se impelido por irresistível atração a juntar-se novamente ao corpo. Não lutava contra essa força; ao contrário, a queria cada vez mais. De repente, num ímpeto incontrolável, levantou-se e se pôs a correr pelas ruas. Sem errar uma só direção, entrou em pequeno cemitério, onde lhe prestavam as últimas homenagens.

Vendo-se no tosco caixão de madeira, terrível pavor o envolveu. Gritou, esbravejou, suplicou, mas em vão... enterraram-no!

Com as mãos, tentava arrancar a terra, sem o conseguir. Esbugalhou os olhos, soltou um grito alucinante, saindo em correria louca, com destino ao bar que frequentava.

Sempre seguido pelos assistentes, entrou no estabelecimento, acomodando-se no banco de costume, pedindo dose dupla de bebida a fim de acalmar-se. Observou o bar sem os colegas de vício, mas deu pouca importância, irritando-se pela demora do balconista em servi-lo:

– Vai me dar a bebida ou não? Será que não me ouviu?

O homem, impassível ao pedido, continuou absorvido em seus afazeres.

Entrou um senhor, comentando:

– Foi ao enterro? Quem diria?... Ainda ontem estava aqui e hoje já se foi... Se eu disser ao senhor, não vai acreditar, mas olho para esse banco e tenho a impressão de continuar a vê-lo a pedir bebida!

– Deixe disso, homem. Pedro está morto e enterrado. Os mortos não voltam...

Riram ambos sob o olhar apalermado do recém--desencarnado Pedro.

– Não estou morto! Olhem-me, será que não me conhecem mais? Não estou morto!

Depois, lembrou-se do enterro, do corpo, e o desespero lhe tomou conta.

Voltou ao cemitério e já não mais conseguiu se afastar... Como ímã poderoso, o espírito queria a matéria que já não lhe pertencia.

Violeta falava, suplicava sem resultados, pois ele não a percebia.

— Irmão, por que tanta avidez pelo corpo? – inquiriu, desconsolada.

— Pedro, dono de forças vitais que o prenderiam à carne por mais tempo, sofre-lhe as vibrações. Somente se libertará na hora em que voltar-se a Deus...

— Mas... quanto tempo?

— Dependerá dele e de nossas preces também. Mas tranquilize-se, porque o guia deste cemitério estará atento e nos avisará de alguma emergência.

Passados oito dias, notável era a decomposição do cadáver repercutindo sofrimento sem medidas no espírito, que sentia os germes a devorá-lo. Violeta, incansável, cumulava-o de ternura indefinível, até que na manhã do décimo quarto dia, após prece fervorosa de socorro proferida por Violeta ao Alto, solicitando de todo o seu coração socorro ao amado, Pedro avistou-lhe o vulto, exclamando eufórico:

— Violeta! Você veio do céu para me buscar?

Agradecendo sem palavras, ela sentou-se a seu lado, suplicando-lhe que a seguisse, pois haveriam de ser felizes novamente...

Durante horas, conversaram muito. Conforme o progresso de entendimento de Pedro, Violeta ia para ele se tornando mais nítida.

Pela manhã do outro dia, os mensageiros chegaram para o necessário transporte. Pouso Alegre os recebeu com muito carinho. O semblante de Irmão Gustavo transmitia satisfação:

– Parabéns, o mérito é seu, Violeta!

Madalena abraçou-se à moça, que lhe retribuiu o gesto sem restrições.

À hora da prece, a melodia singela transmitia sublimes acordes em sintonia com os pensamentos sinceros dos espíritos ali reunidos. Irmão Gustavo convocou a todos para acompanhá-lo nas rogativas ao Alto e orou fervorosamente.

O salão encheu-se de cristalinas fagulhas. Uma faixa de luz subia cintilante ao espaço infinito. Agradecimentos e confiança faziam das palavras flocos de luz pela verdadeira fé. Ele transportava para a oração o conhecimento e a bondade, distribuindo-os na forma maravilhosa da caridade!

O AGUARDADO
RESGATE

FORA DESIGNADO O DIA para nova partida ao Vale. Madalena sentia o júbilo de, após tantos anos na Espiritualidade, alcançar a possibilidade de trazer Otaviano. O fato sacudia suas mais íntimas aspirações, fazendo-a se sentir leve e iluminada.

O amor sublime recompensa a quem sabe esperar, perdoar e compreender, esforçando-se na eterna certeza do amanhã.

Mais bela do que nunca, Madalena partiu rumo ao Vale das Paixões, onde em opressa atmosfera aguardava aquele que lhe tocava fundo o coração.

Não! Jamais se importaria com os espinhos, com as dificuldades; ciente estava da rude caminhada e pela qual tanto esperara.

Amara seus semelhantes, estudara, trabalhara, e agora, chegado o momento, sentia-se apta e resoluta a tudo enfrentar pelo entendimento entre ambos!

A caravana seguia rapidamente. Irmão Gustavo orava com os demais, em súplica comovente em prol dos necessitados.

Todos os mesmos cuidados, holofotes, iluminação na borda, e a descida ao Vale.

Imediatamente, após chegarem, foi iniciada a operação resgate, começando pelo isolamento dos oprimidos.

Sendo mais prolongado esse socorro, mais necessitariam de apoio, inclusive das reuniões dos encarnados, que se juntavam em vibrações ao trabalho espiritual.

Depois da retirada dos enfermos, permaneceram apenas os socorristas que levariam avante a tarefa de fazerem-se notados aos espíritos mais necessitados, preparando-os para a possível caminhada a Pouso Alegre. Madalena, guiada por força intuitiva que somente o puro amor pode infundir, plasmou em sua fisionomia inebriante felicidade ao divisar na escuridão da noite do Vale o vulto de Otaviano...

Aproximou-se sem ser vista e orou intensamente, como sempre. Suas lágrimas, tocando o solo imundo, transformavam-no em grãos de areia cristalina.

– "Irmãos – ecoou a voz de Gustavo–, estamos presentes para convidá-los a unir-se a nós em uma vida melhor, em um lar abençoado, em nome do Criador. Deixem de lado essa vida contaminada para se libertarem das misérias, dos vermes que os corroem. O ódio, a vingança, a negligência ao trabalho, o desamor e a invigilância os conduziram a esta situação! Contudo, se elevarem o pensamento ao Pai, alcançarão a luz. Seus olhos chorarão lágrimas de arrependimento e novas oportunidades lhes serão concedidas, em novos lares, novas famílias, onde seus entes queridos ali estarão para amá-los. São livres. Deus assim o quer em sua justiça e amor. Aqueles que dentro de si abrigarem um átimo de esperança no futuro, sigam-me a Pouso Alegre, à Casa de Reabilitação e Socorro, onde amigos os aguardam de braços abertos."

O silêncio era predominante. Por força misteriosa, até a natureza se calou para ouvir o convite ao progresso. Espíritos inferiores, sabiamente conduzidos, ouviam a esperança! Se os animais se acalmam ao som de acordes melodiosos, mais teria de se esperar de seres pensantes que, mesmo sem o saber, possuem no âmago o germe da melhoria em franco desenvolvimento.

Alguns segundos transcorreram e a voz de um dos presentes destacou-se:

– Quem é você, que não o vemos? Surja diante de nós e eu me renderei!

Foi quando diante dos olhos daqueles sofredores surgiu Irmão Gustavo, num diáfano sublime, diferenciado dos grotescos infelizes.

Alguns se adiantaram, clamando:

– É um anjo, é um santo dos céus!

Assim, com abnegação e renúncia, visando unicamente amor ao semelhante, espíritos amigos retiravam novamente muitos espíritos do Vale, ali permanecendo, infelizmente, aqueles que ainda não tinham forças suficientes para se libertar das largas cicatrizes do passado.

A FUGA PARA A TERRA

EM MANHÃ FRIA E úmida, Pouso Alegre apresentava-se taciturno, pela própria condição de muitos dos acolhidos nos hospitais, que facilmente se deixavam influenciar por vibrações deletérias. Os médicos, enfermeiros e colaboradores infundiam paz, esperança no porvir, respeitando as sábias Leis de Deus que, em tudo e por tudo, não falham.

Madalena, debruçada na varanda, falava a Violeta sobre o pouco progresso de Otaviano. Afinal, semanas e semanas haviam decorrido sem que ele apresentasse mudanças significativas. Violeta a consolava:

– Quisera ter sua fé, sua resignação! Pedro por vezes deixa-me enlouquecida. Amo-o, é verdade, mas falta-me a paciência para suportar calada. Sinto por vezes ímpetos de não querer vê-lo mais e ir-me de vez!

– Ir para onde? Por infinito que seja o Universo, não conseguirá esconder-se de sua consciência. Você foi maravilhosa quando ele desencarnou. Por que esmorecer agora?

O diálogo foi interrompido pela visita agradável que acabava de transpor os portões!

Abraçando delicado ramalhete de flores, Irmão Amaro, acompanhado por Cristina, grande colaboradora que se iluminara por sacrifícios, por encarnações de testemunho de fé, acercou-se de sua jovem protegida:

– Minha filha, é uma simples lembrança de seu lar, para que dele se recorde...

– Gentil é sua lembrança. Muita saudade possuo

de nossa Colônia, porém sabe bem o amigo que aqui me prendo por motivos especiais.

– Madalena, a nossa vinda aqui tem objetivos estabelecidos. Gostaria de relembrar certos pontos, uma vez que os conhece bem! Você sabe da força e do empenho necessários para a superação de atitudes viciosas. Por respeito ao livre-arbítrio, ante as escolhas de cada um, muitas vezes só nos cabe aguardar o momento da verdadeira transformação. É difícil compreender que no mal surge o bem, mas se observarmos bem, nos depararemos com exemplos vivos muito próximos a nós!

– Otaviano?

– Minha filha, tenha fé, não esmoreça.

Dos lábios de Madalena, nenhuma palavra se ouviu; foram seus olhos que muito falaram! Apenas no pensamento, ambos se uniram.

Como pétalas de majestosa arquitetura, elevaram-se ao ar os agradecimentos e a paciência, simbolizando o quão nobre pode se tornar um verdadeiro amor! Trêmula, apertou contra si as flores há pouco recebidas, sussurrando:

– Otaviano! Seja onde for, estarei pronta a segui-lo, e as flores belas da Colônia somente tornarei a vê-las quando a meu lado você estiver para as contemplarmos juntos!

Irmão Amaro abraçou-a comovido. Realmente Madalena amadurecera, libertando-se de seus antigos caprichos e descontroles. Triunfava o bem!

Assim, Otaviano, livre da sonoterapia a que vinha sendo submetido, dono de sua própria vontade, sem que ninguém interferisse, transpôs os portões de Pouso Alegre.

Lá fora, o espírito vacilara. Para onde ir? Sabia apenas que queria voltar, voltar... Exercendo atração poderosa, esse pensamento emitido constantemente e com o mesmo intenso desejo fez com que em instantes não faltassem espíritos afins que o ajudassem a chegar à Terra e o pusessem em contato com suas antigas paixões.

Aos olhos tristes de Madalena, que o acompanhava, surgiu a mesma espécie de lugar que tanto a magoara; entrando Otaviano límpido, como se fosse ainda encarnado e ontem mesmo ali bebericasse com amigos!

Ao se ver onde queria, rapidamente já era o mesmo irresponsável de sempre, ostentando todo o vigor do homem jovem. Sentia-se vivo, identificando-se com o tipo de vibração de um encarnado. Aproximando-se das mesas de jogo, aspirou a bebida, justapondo-se aos presentes sem se dar conta da situação.

Divertiu-se muito, riu, bebeu, influenciou no jogo, fez muitas peripécias e saiu. Passou por Madalena e Irmão Amaro, que o acompanhavam de longe, sem notá-los. Atravessou a rua e iniciou a caminhada pela calçada, ocorrendo-lhe: ir para onde?

Em sua memória apenas gravara o lugar de suas aspirações mundanas e uma terrível escuridão, onde vozes se ouviam blasfemando pragas e maldições. Num esforço maior, lembrou-se de linda jovem, sem contornar-lhe com certeza as linhas do rosto. Mas intenso ódio o dominou!

Sem destino certo, deitou-se num banco de rua, adormecendo tal qual um encarnado.

Os espíritos vigilantes aproximaram-se, pois a hora era propicia aos bons conselhos. Madalena murmurou aos seus ouvidos:

– Como está, Otaviano? Sou Madalena, lembra-se? Você já não conta no número dos vivos. Para eles você pertence aos mortos, mas nós sabemos que a morte não existe, sendo possível uma vida maravilhosa no além!

O espírito registrava inconscientemente as palavras, assemelhando-se ao sonho do encarnado, com a diferença de que o espírito livre pôde, com muito mais acentuada nitidez, gravar a mensagem.

Era já quase madrugada quando Otaviano, desperto, voltou ao estabelecimento que lhe aprazia.

Saudado à porta, sorriu festivo e, sem qualquer preâmbulo, entrou no salão.

Estava tão alegre que se pôs a dançar. Em sua volta, formou-se uma roda de espíritos que o incentivavam. Animado e segurando uma garrafa, que nada mais era do que fruto de sua mente, ele rodava e rodava no meio.

Os encarnados, influenciados pelas vibrações, também emergiam em descontrole e dançavam lado a lado com aqueles infelizes.

Eram quase seis horas da manhã quando as portas foram cerradas. Otaviano, na incerteza de aonde ir, resolvera ali permanecer.

Diante do fato, Irmão Amaro, paternal e amigo, dirigiu-se à Madalena, lembrando dos compromissos que o aguardavam:

– Temos obrigações em nosso posto de socorro. Voltaremos quantas vezes forem necessárias, mas não devemos aqui permanecer.

– Como poderemos deixá-lo?

– Você sabe que jamais o abandonaremos, Madalena. Continuaremos o nosso trabalho, para tê-lo conosco de volta. Mas pelo que vemos, ele não sairá daí tão cedo. Otaviano caiu nas mãos dos velhos frequentadores, que não o abandonarão tão facilmente!

– Há momentos em que desanimo. Como é possível ser tão cego?

– É triste, muito triste, realmente. Mas não podemos ficar inativos; é preciso voltar ao nosso trabalho, porque existem muitos necessitados à nossa espera...

– É muito generoso, perdoe-me. Bem sei de seu cargo a de suas responsabilidades... Desculpe-me; fui egoísta.

O orientador, sorrindo-lhe, apenas acrescentou:

– Oremos infinitas vezes por quem carece de amparo. Esqueçamo-nos do cargo, pois eles são parcelas de nossas dívidas e instrumentos de aprendizado para alcançarmos o Criador.

Na Terra, qual andorinha sem pouso, ficou Otaviano, espírito negligente, longe de sentir as belezas mais puras, pois em suas entranhas ainda vibrava a sombra das paixões. Fora da Terra para o Vale; agora, do Vale para a Terra, sem melhora alguma. Em condição estacionária, demorava-se na caminhada rumo ao progresso. Não era rude de sentimentos, mas fanfarrão inveterado, despreocupado com o futuro e irresponsável para com seus deveres.

***

Em Pouso Alegre, Pedro restabelecia-se lentamente. Tinha por vezes agitações inquietantes, como se algo lhe faltasse, como a buscar no corpo as necessidades da alma.

Violeta, embora mais equilibrada, sentia em várias ocasiões idênticos impactos, caindo em crises.

Madalena consolava-os e, em sua convivência atenciosa, dava-lhes imensa paz, fortificando a amizade iniciada durante a encarnação.

Desta feita, unidos em palestra agradável, ela explanava sobre o aprendizado importante, descrevendo seus dias na escola, as lembranças queridas de lá e, com especial carinho, o que pudera acumular na questão intelectual.

Pedro ouvia atento, com interesse redobrado, os assuntos que intensivamente lhe suscitavam lembranças. Violeta, não indiferente, mas sem a mesma sensibilidade, limitava-se a ouvi-la.

Madalena, entusiasmada pela mudança notória do amigo, estimulou-o ao trabalho enobrecedor, à prece e à confiança, formas positivas de alcançar o ingresso na escola espiritual, nos assuntos que o empolgavam. Os três, enquanto conversavam, observavam mirradas flores que ousadamente tentavam desabrochar em uma atmosfera fria e nevoenta, indicando sempre a perfeição divina na beleza da natureza. Violeta se sentia eufórica com as florezinhas que via e lhes fazia muitos elogios. Pedro revelou, prazeroso, que as flores sempre foram do agrado da companheira, e bem se lembrava dos cuidados dispensados ao pequeno jardim da casa terrena.

– Muito bem! – exclamou Madalena –. Terá muito serviço em Pouso Alegre, pois estamos mesmo precisando de auxiliar o nosso jardineiro, com ideias novas e ornamentais, e esse também é um estudo importante que você poderá aperfeiçoar nos cursos da nossa escola.

– Como se faz– perguntou Pedro– para chegar à Colônia? Como ela é?

Madalena riu-se da pergunta curiosa e espontânea de Pedro, explicando:

– Por certo não se toma condução no primeiro ponto. Na Colônia Irmão Agostinho não existem espíritos privilegiados; existem sim os que trabalham arduamente em benefício dos muitos enfermos, pois não é colônia recreativa, mas hospital espiritual.

– Por que nem todos os espíritos possuem acesso direto à Colônia?

– Por necessitarem de reajustes mais facilmente conseguidos em postos de socorro situados em zonas mais próximas da Terra.

– Pelo que sei – retrucou Violeta –, em Irmão Agostinho existem espíritos bem mais enfermos do que em Pouso Alegre. Como explica isso?

– Realmente, existem casos dolorosos, espíritos necessitados de cuidados especiais que somente um grande hospital pode oferecer. Na Terra, quando há um doente grave, é preciso o concurso de um hospital muito bem equipado para salvar-lhe a vida com perícia, ao passo que uma enfermidade simples sana-se em prontos-socorros ou hospitais menores.

Pedro ensimesmava na resposta, compreendendo-a, pois era lógica, mas fugiam-lhe certos pormenores e, meditando, formulou a pergunta:

– Apesar de existirem vários postos de atendimento no espaço, há Espíritos que, ao deixarem o corpo, não partem direto para esses postos e se envolvem em trevas. O que são essas trevas?

– Você mesmo andou por elas...

– Eu?

– Sim. Não esqueça que treva é uma questão de padrão vibratório e sintonia, que reflete o seu grau de entendimento e principalmente seus sentimentos. Seu caso é um bom exemplo. Apesar de estar vinculado a Pouso Alegre e à Colônia, ao desencarnar, sem condições de sentir ou ver os amigos espirituais, você recebeu a intervenção abnegada de Violeta, que por amor conseguiu trazê-lo. Quanto aos postos avançados de socorro, seus trabalhadores se aproximam desses irmãos desorientados, prestando-lhes os primeiros socorros. Aqueles que aceitam a ajuda são tratados, orientados e encaminhados em sua nova jornada. Há muitos que, agradecidos, depois se tornam voluntários nessa tarefa socorrista.

Pedro e Violeta ouviam sem desviar um átimo de atenção. Eram explicações simples, mas que a eles descortinava um novo mundo. Interessadíssimo, Pedro preparava-se para a formulação de outras perguntas, quando a sirena tocou. Era o momento da prece.

Pedro orou fervorosamente em agradecimento a Deus. De seu tórax brotavam tênues raios de luz, indicando a grande melhoria alcançada. Violeta, apesar de há mais tempo livre em espírito, não conseguira a felicidade que Pedro demonstrava já alcançar. E razões para isso existiam.

Secretamente, ela enxugou as duas lágrimas que de seu rosto rolavam: uma de felicidade por ele; outra, de tristeza por ela mesma. Ainda precisava de tempo para aprender, ser paciente e principalmente perdoar de coração.

Em sua simples forma de pensar, julgara possível nunca mais ver Otaviano, riscá-lo de suas lembranças, mas agora sabia que era justamente ele quem mais ocupava seus pensamentos. Tinha a certeza de que encontrar-se-iam, mas tinha medo de sua própria reação.

Cabisbaixa e inquieta com seus pensamentos, deixou o pranto correr. Irmão Gustavo, aproximando-se, anunciou à sua pupila algo que sabia que ela estava desejosa por fazer:

— Violeta, tenho algo que sei lhe fará muito bem ao saber. Seu primo Adolfo está prestes a fazer a viagem de retorno ao nosso plano. Como estímulo ao seu esforço no aprendizado e em sua renovação, a levarei conosco no momento preciso, a fim de também auxiliar em seu desligamento.

— Obrigada, o senhor sabe que esse é o meu desejo. Muito tenho recebido e pouco dado em troca...

— Não lastime e nem se menospreze. Você é filha do Pai Criador, que nunca nos nega as oportunidades do aprimoramento e do servir. Mais preparada, enfrentará melhor a realidade, se ajustará com você mesmo, assumindo no futuro compromissos que irão ajudá-la a se libertar de complexos e sentimentos inferiores, como esse ódio que nutre por Otaviano. Já não é mais aquela Violeta no corpo físico, mas um espírito desencarnado, e como tal deve agir.

Violeta olhou firmemente o seu orientador, expressando-se com decisão:

— Senhor, permita-me ver Otaviano; esse é o meu desejo.

– Aguardava ansioso por seu pedido, acompanhá--la-ei oportunamente!

***

No âmbito das paixões, nas profundezas das misérias, no calor das multidões viciadas, Otaviano deliciava-se nas vibrações inferiores.

Desejos não contidos projetavam-se sobre as mentes encarnadas, e ele sugava-lhes as necessidades materiais. Tornara-se um vampiro, à cata de sua presa. Viver, viver... assim pensava ele. Apagara o passado, fixara-se apenas no presente; esqueceu-se do futuro.

No salão, à meia-luz, o grupo de encarnados e desencarnados formava-se aos poucos. Irmão Gustavo, Violeta e Madalena, parados não muito distantes da porta de entrada, observavam o vaivém.

Quando acharam conveniente, dirigiram-se aos fundos, desceram alguns degraus de madeira, cuja formação em meio círculo convidava a um grande desafio a quem não estivesse sóbrio.

No depósito, via-se a adega do estabelecimento, repleta de bebidas, notando-se no ambiente, cheirando a fumo e a álcool, espíritos aglomerados ao sabor dos entorpecentes.

A um canto, um armário guardava a cocaína. O acesso à droga só era permitido aos já conhecidos ou apresentados por pessoas de crédito, como também aos intermediários do ramo que ali se abasteciam para vendê-la com largos lucros.

Aos espíritos, porém, o acesso era livre. Podiam entrar e sair sem ninguém impedir. Os mais novatos, impelidos às drogas, facilmente sentiam falta do lugar e, como espíritos viciados, conscientes ou não, instigavam os encarnados ao consumo de consequências desastrosas.

Irmão Gustavo explicava:

— O homem, utilizando-a, suicida-se voluntariamente, intoxica a matéria, impregnando o corpo perispiritual de sensações inferiores, arrastando para a espiritualidade os mesmos traumatismos e necessidades de saciar o vício, ficando sujeito a reequilíbrio demorado, difícil e certamente com consequências no futuro! O toxicômano, levado pela excitação, incorre em cenas descabidas, próprias da demência. Delira, por assim dizer, nos caminhos do umbral, das trevas, da obscuridade espiritual. Lembrando-se de suas dolorosas experiências, seu perispírito reflete suas tristes passagens. A sintonia envolvente liga-os a espíritos afins e, por fortes laços de domínio, praticam ações impróprias à mente lúcida. Se impelidos ao tratamento para o abandono da droga, entram em choque violento com a própria constituição física e mental, tendo por vezes crises de abstinência mais violentas do que quando dominados por ela. São almas que, na reabilitação, demoram anos e anos por sentirem indeterminadamente as consequências do abuso. Ao abandonarem o corpo, subjugam-se a forças exteriores fecundadas no mesmo ambiente, inclinam-se ao terrorismo espiritual, contorcendo-se no desagradável odor da podridão interior. Enfileiram-se no vasto campo das iniquidades, prosseguindo na cegueira ao amor e à verdade. Dos vícios, é o mais desastroso e o mais difícil de acerto, pois mais chances oferece ao desequilíbrio mental. Espíritos encarnados ou não, submetem-se à mesma Lei, e o tempo desperdiçado lhes será lembrado ante o arrependimento e lágrimas de dor! E ainda: reencarnação em corpo problemático, mentes torturadas, desequilíbrio psíquico, tendências para o vício, inclinação às mesmas companhias anteriores.

Ia assim Irmão Gustavo explanando sobre o assunto, quando, de repente, Violeta sentiu-se cambalear. Descendo os degraus, vinha Otaviano.

Ele, ao vê-la, encrespou a fisionomia e procurou rápido a saída. Porém Violeta, talvez mesmo tão descontrolada quanto ele, esforçou-se na sua posição, dizendo:

– Otaviano, sou um espírito desencarnado como você. Não percebe que nosso mundo agora é o mesmo?

– Não, não quero vê-la, saia... Eu estou vivo! Fantasmal. Suma...

Apavorado, desatou em correria louca, esquecendo-se como era de seu hábito de abrir a porta para sair, atravessando as paredes!

Estacou, um calafrio sacudiu-o pelo inesperado. Colocou as mãos à cabeça, desesperado.

Violeta aproximou-se, sugerindo-lhe, segura:

– Convença-se, seu corpo físico já não existe, mas seu espírito é imortal e se utiliza agora de um corpo fluídico! Poderá ter tratamento adequado e logo estar ao lado de alguém que há muito o espera.

– Saia! Saia! Vá embora!

Otaviano não queria as lembranças que lhe incutiam imenso pavor. Caindo em desespero, soltou um gemido fino e prolongado, pondo-se a contorcer-se como se estivesse à morte, sentindo espasmos insuportáveis.

Violeta, tomada de pânico, sentiu horror pela cena, como se ela a tocasse fundo na alma...

Madalena, que pensava em levá-lo consigo, viu laços fortes e indestrutíveis no momento a envolvê-lo e arrastarem-no irremediavelmente a uma corrente, um turbilhão! Ninguém nada pôde fazer e ela, que julgava tê-lo nos braços, sofrendo infinitamente, mais uma vez, precisou afastar-se.

RETORNO AO VALE DAS PAIXÕES

- O QUE HOUVE? Não tive noção exata nem tempo para me preparar – perguntou Madalena a Irmão Gustavo.

– Você, quando deixou o corpo, fazia jus a uma lista de nomes de pessoas capazes de orar e zelar por você. Quanto a Otaviano, sua lista está repleta de nomes de espíritos como ele, que só aguardam um momento de indecisão para saciar seus instintos.

– Mas meu nome não se inclui nesta lista?

– Claro!... porém cumpre-se a Lei: "A cada um será dado segundo suas obras!"

Em outras palavras, espíritos que se afinam com ele, por vingança, ódio, despeito, levaram-no em consequência de suas próprias ações.

– Irmão, para onde foi?

– Foi atraído novamente ao Vale! Porém, com mais facilidade poderá estar perto dele, porque começa agora o princípio de sua recuperação.

O ódio, a vingança, o orgulho, a ambição, o vício, o abuso dos prazeres, enfim as paixões de todas as espécies, ali encontravam morada, aninhando-se em seus habitantes, qual parasitas, infiltrando-se facilmente, pois todos lhe favoreciam a entrada.

No ar pesado e intolerável, pairava sempre um odor fétido gerado pelas podridões interiores dos sarcasmos e das intolerâncias, das maldades e das vinganças.

Sem visão ao bem, sem qualquer atitude benevolente, aqueles pobres espíritos, atraídos uns aos outros, viviam amargando suas próprias culpas, sem se darem conta disso.

Para ali fora novamente arrastado Otaviano, e na extensão escura, pois a noite sempre cobria o Vale, caído ao chão, contorcendo-se no pó, gritava desesperado:

– Deixem-me ir, deixem-me ir! Apertou a cabeça entre as mãos, desabando uma série de perguntas a si mesmo, no desejo incontido de reencontrar-se, de saber quem era ou quem fora. Mas onde estaria? Teria morrido? E os amigos? O que fazia ali? Como admitir ser um morto, se ainda se sentia vivo? Violeta fora uma ilusão horrível...

Mas como viera parar ali e para quê? Já bastava de permanecer naquele lugar imundo! Sentiu desejo incontido de voltar onde as diversões o aguardavam.

Rápido, pôs-se de pé e quis sair, mas de que forma? Não sabia como voltar, nem o que fazer; correu de um canto a outro, sem encontrar saída. Cansado, inconformado, continuava pedindo:

– Quero sair, abram a porta. Quero sair!

Seu grito ecoou no espaço, mas ali não houve ouvidos que o escutassem.

Sentiu-se vencido, exausto. Procurou recompor sua mente e, num átimo de bondade divina, lembrou-se.

Era filho de pais pobres. A fisionomia de sua mãe se aclarou na recordação. Madalena, ah! Madalena, era um eflúvio balsâmico a seu pensamento! Fora ela a esposa compreensiva e amiga, recordou-se da ida a igreja e de algumas frases ditas por ela.

Violeta! Esta lembrança vinha-lhe mesclada de sentimentos opostos, incontidos; lembrou-se de alguns conhecidos... De resto, unir detalhes com precisão era-lhe impossível.

Porém, a pergunta se lhe deparou lógica:

– Onde estaria Madalena? Por que o abandonara? Deveria estar a seu lado! Ou será que ele morrera mesmo? Violeta dissera que se mataria, mas será que cumprira a promessa? Claro que não, pois a vira...

Decididamente precisava sair dali, e novamente precipitou-se pelo Vale em busca de saída, sem êxito algum.

Torturado pelo desespero, seu organismo perispiritual começou a demonstrar deficiências, o que indicava, além de outros fatores, que para desencarnar levara tempo e sofrimento, que só agora vinham à tona.

Contorcia-se. Sentia-se só, sem qualquer pessoa para amenizar a sua dor.

Incalculável é para o encarnado a dor do espírito liberto impressa na alma, gravada na mente, no subconsciente, o âmago da tortura. Centralizando suas forças geradoras, o espírito reflete no perispírito toda a sua angústia e arrependimentos.

A Otaviano não faltaram algozes que lhe sugassem as vibrações de forças vitais à custa de mais sofrimento, entregando-se ele aos desvarios, caindo em círculo vicioso.

Se não fossem as preces constantes, a dedicação de Madalena, dificilmente dali sairia em breve tempo, e talvez anos se passassem para conseguir melhoria. Mas, incansável e fiel, ela não o desamparava, buscando-o por meio do amor.

No rosto de Otaviano, estava marcado o desespero, a dor, a incompreensão, a vingança, voltando-lhe as vibrações emitidas por ele mesmo, em um reflexo espontâneo da natureza.

O Vale, sinal de alerta a quantos se dedicam aos vícios de qualquer natureza, a quantos alicerçam a passagem terrena nas paixões desenfreadas dos prazeres mundanos, prendia em seu interior um desesperado que procurava o seu eu, sem conseguir distanciar-se por completo dos antigos anseios.

NOVO SOCORRO

NA CASA DE RECUPERAÇÃO espiritual, Pedro, em conversa com Irmão Gustavo, confidenciou-lhe:

– Dias atrás, olhando para Violeta e Madalena, que lado a lado trabalhavam, comecei a enquadrar o passado e eis que de repente minha memória se aclarou! Lembrei-me de Otaviano e posso dizer que sei o porquê dos amargores de Violeta. Não seria justo contar a ela?

– Devo felicitá-lo pelo progresso e por sua maneira de encarar os fatos, mas Violeta deve esperar. Como você, um dia fará tais descobertas, e é bom que se faça normalmente, com calma e ponderação. Contudo, aproveito o momento para informá-lo de que Adolfo, o primo de Violeta, desencarnará em dois dias e ela, como prometi, estará presente. Gostaria de nos acompanhar?

– Oh! muitíssimo, senhor. Como agradeço sua lembrança!...

– Ótimo, assim conhecerá Saluciano, um grande amigo, capaz de nos ensinar muitas coisas. Por muitos anos ele trabalhou em presídio e agora coloca todo o seu conhecimento no trabalho árduo do hospital.

– Muito me alegra conhecer novos amigos, novos trabalhos, voltar à Terra, atravessar os muros de Pouso Alegre, caminhar, irmão, caminhar...

– Deus lhe dará novas oportunidades, novas chances. Basta que as aproveite! Se desejar, poderá ficar por algum tempo trabalhando no hospital.

No dia seguinte, os três davam entrada na casa de saúde, dirigindo-se imediatamente ao quarto do enfermo. Para surpresa de Violeta e Pedro, o doente, em lucidez, parecia-lhes muito bem. Não acreditavam que aquele ser a conversar com o enfermeiro presente estava prestes a desencarnar, e uma recuperação de saúde não lhes saía da mente.

Irmão Gustavo explicou:

– Esta lucidez e este bem-estar são efêmeros; apenas precedem a agonia do desprendimento.

E assim foi. O espírito liberto, após um trabalho sem demora, dormitava sereno ao lado do leito, em cama espiritual.

Irmão Gustavo, pedindo aos demais espíritos que o assistissem, saiu em companhia de Pedro e Saluciano, expondo seus desejos ao amigo de muitos anos:

– Este é Pedro, de quem já lhe falei; é dedicado e merecedor da oportunidade de aqui trabalhar.

Saudando-o, Saluciano demonstrou satisfação em tê-lo como colaborador e imediatamente pôs-se a mostrar-lhe as diversas áreas de serviço no hospital.

– Comecemos pela portaria; aqui, de plantão, ficam três irmãos, verificando quem entra e sai, tanto encarnado como desencarnado, tomando as primeiras providências no controle espiritual do hospital.

– Nossa casa, sendo bem protegida espiritualmente, oferece excelentes oportunidades a espíritos sofredores.

– Sendo assim, o hospital sempre goza de uma atmosfera excelente!

– Não seja tão otimista. Aqui é um lugar público e a maioria das pessoas que aqui aporta chega acompanhada por espíritos de todos os matizes... Se tudo decorresse às mil maravilhas aqui dentro, nós não teríamos justificativas de aqui estar; bastariam os porteiros e alguns colaboradores aos enfermos... Bem, mas vamos andando...

Subiram ao elevador, e Saluciano cumprimentou a entidade sentada ao lado do ascensorista.

– Este, Pedro, é um antigo colaborador da casa. Auxilia a ordem dentro dos elevadores, trabalhando em conjunto, pode-se dizer, com os porteiros, pois também ele está em contato direto com os que entram e saem do hospital.

– Não há ninguém nas escadas?

– Naturalmente, outros ocupam-se deste setor e dos diversos pontos necessários; todos apresentam relatórios diários sobre seu trabalho, facilitando o bom andamento espiritual do hospital, e principalmente permitindo uma análise concreta à nossa diretora, em Irmão Agostinho, sobre o nosso procedimento, trabalho.

Caminharam pelos centros cirúrgicos, passaram por departamentos de enfermaria, consultórios, e Pedro pôde aprender que, ao lado de cada médico e enfermeiro, havia sempre uma boa entidade. Notou que essa presença benéfica permanecia mais distante de alguns, sem condições de aproximar-se, enquanto caminhava lado a lado de outros, notando-se no semblante do encarnado traços de bondade, amor ao semelhante, procedimento correto dentro da profissão.

Encantado, fazia perguntas e mais perguntas a Saluciano, e este não se rogava de explicá-las, sentindo nele um grande amigo.

Alcançaram novamente o quarto de Adolfo. Dessa vez, havia alguns encarnados preparando seu corpo para descer ao necrotério, enquanto em espírito era amparado para seguir ao pronto-socorro espiritual.

Adolfo dormia profundo sono terapêutico, porém seu corpo físico ainda continha resíduos das forças vitais.

Fora impossível levá-lo às camadas espirituais como planejaram. O remorso o consumia, embora muitos dos que Adolfo socorrera quando em vida pedissem por ele, envolvendo-o e o auxiliando. Espíritos o amparavam naqueles momentos, impedindo que entidades inescrupulosas aproveitassem de seu desequilíbrio e da situação.

Saluciano entrou no velório, procurando inspirar tranquilidade aos amigos e familiares presentes para que se mantivessem em sintonia elevada através da prece, pois era difícil o processo vibratório em que o espírito ainda se encontrava. Comunicou à casa espiritual que o enterro se processaria no dia seguinte.

Adolfo, pela manhã, despertava em desespero. Primeiro, foram gemidos entrecortados pela asfixia sentida antes do desencarne. Pedia água, estampando enorme pesar no semblante.

Não se dera conta de que havia deixado o corpo físico e aqueles que divisava à sua frente, tinha-os como enfermeiros habituais, pois já os havia visto antes.

Saluciano percebeu que muitos filamentos vibratórios ainda lhe rodeavam o corpo, teimando em não o abandonar, dificultando seu completo desligamento. Os bons irmãos espirituais, incansáveis, desdobravam-se no auxílio de emergência, mas o próprio interessado não favorecia, tal a incompatibilidade com a própria situação.

Proferindo comovida prece, Saluciano então se dirigiu a Adolfo:

– Sou Saluciano, um amigo. Não se assuste com seu corpo inerte. Você continua vivo, somos espíritos imortais. Agradeça a Deus pelo corpo que lhe serviu de morada nessa recente experiência física, despeça-se e seja bem-vindo à pátria espiritual.

Os instantes que se seguiram, angustiosos para todos os presentes, foram coroados de êxito, quando Adolfo se levantou e proclamou aos céus:

– Louvado seja, Senhor! Ajude-me a compreender essa nova etapa. Abandono esse corpo e sigo para onde quiser. Entrego-me em suas mãos.

Saluciano o abraçou, comovido.

Adolfo caiu em pranto, ficando quase sem forças pela descarga fluídica recebida, completando-se afinal seu desligamento.

Seu corpo físico se enrijecia e logo seria devolvido à natureza material que o trouxera. O espírito, porém, já seguia seu novo rumo.

Veloz como o relâmpago, a pequena caravana seguiu para as camadas espirituais, atravessando o céu da Terra e observando-lhes as belezas.

Deram entrada à Mansão Azul, casa de repouso espiritual, situada próxima à zona hospitalar da Terra.

A senhora que os recebeu instalou o enfermo devidamente, colocando-se depois à disposição dos amigos que há tempos não via. Saluciano sentia-se rejubilado na presença confortante da bondosa matrona, que há cinco anos se responsabilizava pela casa. Sobre o tapete azul, onde flores brancas se desenhavam discretas, sentaram-se em almofadões, imitando poltronas de graça e singeleza.

Palestravam proveitosamente, entrecortando as palavras de vez em vez nas lembranças do passado, quando ele conhecera a agradável senhora em Pouso Alegre, por ocasião do seu desencarne.

Ele desencarnara cheio de traumatismos a superar, socorrido pela casa de correção em estado lastimável, pois também durante anos fora submetido ao difícil acerco do Vale. Vencera os obstáculos, superara muitas fraquezas e, por mérito, recebera a incumbência do presídio, sempre assistido pelos superiores, encaminhando-o, orientando-o nos diversos casos enfrentados. Fizera cursos, aprendera muito e lutara, incansável, em prol do próprio progresso. Nunca esmorecera em sua força de vontade.

Ela, Veridiana, tinha inúmeros amigos, pois sua vida terrena fora de grande proveito. Religiosa, não se furtara a dar a quem precisava o pão do corpo e do espírito.

No processamento de sua passagem para a vida espiritual, muitos estavam à sua volta, tanto encarnados como desencarnados. Serenamente, sorrindo, deixara o corpo, sendo de imediato levada a Pouso Alegre, onde permaneceu por quinze dias, partindo depois a Irmão Agostinho, de onde somente há cinco anos saiu para ocupar o presente cargo. Com justo merecimento, poder-se-ia na placa azul, onde se lê Mansão Azul, acrescentar-se: Aqui mora a paz; porque sua orientadora é toda paz e amor, e certamente, quando alguém aqui adentrar, sentirá a força das palavras do Mestre: "Fora da caridade, não há salvação".

Ao cair da tarde, como em todas as comunidades espirituais, também lá se processava a prece em conjunto, beneficiando a todos os internos e a toda a humanidade.

Adolfo, desperto, estava longe de sentir-se bem. A crise era esperada, pois, superado o instante de deslumbramento por ver-se livre, a luta com o passado teve início. Emergindo no fundo do seu íntimo, encontrou as obscuras fases de sua existência. Sua última encarnação até certo ponto lhe fora proveitosa, pois aprendera no remorso a respeitar e amar seu semelhante, tentando redimir-se em relação a Pedro e Violeta.

Porém as folhas murcham, mas a raiz continua. Adolfo sem dúvida fizera muito, mas o que estava entranhado no seu eu ainda lhe doía profundamente e, apenas depois de perdoado, brotaria o verde da esperança.

Da Mansão a Pouso Alegre, fora difícil a ascensão, pois obstinadamente autopunia-se. Todavia, cercado de tantos cuidados por parte dos integrantes da casa, finalmente encontrava-se pronto para seguir seu novo destino e principalmente deparar-se positivamente com aqueles que lhe ocupavam de maneira sistemática o pensamento.

Sendo recebido pela própria Violeta, de imediato pôs-se a pedir:

— Perdoe-me, fui insensato, e não me liberto dessa culpa...

— Já nos entendemos a esse respeito, e certifique--se de que lhe quero muito. Somente a Deus deve dar contas de seus atos, não a mim, que também muito errei nessa última existência terrena.

— Mas Violeta, fiz muitas coisas erradas. Quando vi aquele homem em sua casa, fiz questão de contar a Pedro, enfurecendo-o, quando poderia tê-los ajudado em tão difícil momento, evitando assim um desfecho tão fatídico.

— Nada poderia fazer; sou responsável pelo meu suicídio. Quanto a Pedro, talvez tivesse tido a oportunidade de ajudá-lo, mas agora não adianta pensar no que poderia ser feito ou não, pois precisamos ir em frente.

– Oh! Violeta, perdoe-me, mil vezes, perdoe-me...

Tomando-lhe as mãos, repetia Adolfo, sustentando na voz o tom da amargura, refratária de suas ações.

– Venha comigo, ela pediu gentilmente; vamos conversar com nossa grande amiga e verá como tudo se acalmará. Madalena estava absorvida na leitura, mas assim que os viu saudou:

– Como vai, Adolfo? Alegro-me muitíssimo com sua presença; Violeta tem andado saudosa de Pedro, mas agora terá quem a auxilie no preparo de novos canteiros...

– Na Mansão Azul, temos lindos jardins, tudo é muito florido, belo, claro, afigura-se que o sol sempre está presente e as flores não se cansam de ser belas, rendendo homenagens ao Criador!

– Realmente, disse Violeta, nunca pensei que existissem lugares tão belos próximos à Terra, somente em planos mais altos. Porém mais uma vez a sabedoria de Deus nos prova ser infinita, permitindo o florescimento de tão belas vivendas, para receber a quem parte da Terra.

– Não compreendo como, depois de passar por tão bela moradia, possam existir moradas ainda mais belas, observou Adolfo.

– Não só mais belas, afirmou Madalena, como mais completas, onde o espírito pode ampliar seus conhecimentos em todos os setores e, como fundamental, angariar outros tantos...

– Madalena vem de Irmão Agostinho, explicou Violeta, colônia à qual se liga esta casa de correção, e também à Mansão Azul. Desejaria muitíssimo conhecê--la, mas ainda não possuo este direito, bem sei...

– E por que não o possui? – perguntou Adolfo.

– Tenho problemas a resolver, mas não quero discuti-los por ora...

– Esclareça-me, por que Pouso Alegre é um lugar menos encantador do que a Mansão Azul?

– Pouso Alegre é belíssimo! – exclamou Violeta, pois é nele que nos reencontramos. Você, partindo da Terra, permaneceu o tempo necessário na casa de repouso. Lá encontrou sorrisos, e ninguém lhe fez perguntas a respeito de seu passado ou presente; porém é imprescindível essa análise para a nossa ascensão, e é justamente aqui onde você terá inúmeras oportunidades a esse respeito. Lá, apenas o acolheram, qual viajor cansado, para que se sentisse forte e pudesse seguir caminho...

– Entendo... Todos os que partem da Terra passam por casos iguais?

– Oh, não!... Você o mereceu, isto é claro...

– Madalena, quando desencarnou, seguiu direto a Irmão Agostinho. Eu, pobre de mim, fui arrastada ao Vale, trazida depois benevolamente a Pouso Alegre, onde permaneço até hoje. Quanto a você, sintonizou de imediato com as vibrações da Mansão. Sei que tem méritos, pois constantemente aqui chegam preces a seu favor...

– Nada fiz, não as mereço. Em verdade, procurei compensar, de alguma sorte, os meus erros. Se a alguns eu dei, tirei de quem deveria dar...

Novamente o rumo da conversa recairia sobre o mesmo assunto, e Madalena, interessada em desviá--lo, convidou-o a visitar a biblioteca, onde poderia escolher bons livros e se entregar às maravilhas da leitura instrutiva.

Seguiam silenciosos, quando a surpresa se estampou no semblante de todos:

– Pedro! – disse eufórica Violeta, apressando-se em abraçá-lo...

Adolfo sentia-se desfalecer pela emoção misturada de alegria, temor e receio. Pedro, digno e beneficiado pelos ensinamentos recebidos, demonstrou seus sentimentos no momento oportuno:

– Caro amigo, sensibiliza-me vê-lo restabelecido. Espero que compartilhe de nossa alegria em servir ao próximo.

Adolfo não conseguiu pronunciar coisa alguma de imediato. Sentia que não estava suportando o peso do reencontro. De repente, passou a se explicar repetindo sistematicamente a mesma frase:

– Eu fui um covarde. Eu fui um covarde...

Repetiu, repetiu a mesma coisa até desequilibrar--se, necessitando de imediata ajuda.

Violeta, surpresa com o acontecido, interrogou o Irmão Gustavo:

– Por que este encontro entre Pedro e Adolfo? Não deveria tê-lo consentido. Ele foi a causa desse descontrole.

– Violeta, imprudente como é, demorará tempo enorme para se livrar de seus tormentos. Crê, porventura, que Pedro não o sabia? Engana-se, pois eu mesmo o preveni!

– Mas, por quê?

– Era preciso, e o tempo é chegado. Adolfo não tem maus sentimentos, ao contrário, e deu muitas provas disso. Porém há algo que ele precisava trazer à tona. Esta crise é temporária. Passará, e então estará apto a enfrentar o que o espera.

– Mas é tão grave assim o seu erro? Se eu e Pedro o perdoamos, não vejo motivos para todo esse tormento!

– Violeta, desconhece até a si mesma. Como quer penetrar no âmago de seu semelhante? Não há efeito sem causa.

Rendendo-se ante o argumento, saiu pensativa com destino ao jardim, para cuidar de seus canteiros, os quais lhe proporcionavam horas de esquecimento, reflexão e prazer.

Adolfo, que lutava consigo mesmo para justificar-se, não encontrava paz. Madalena, encarregada de seus cuidados, desdobrava-se por mantê-lo calmo, transmitindo-lhe vibrações de muita luz e paz. Mas bendito é o filho que ao Pai se ergue pelo pensamento, no desejo de reformar-se!

Um dia, Adolfo conseguiu orar:

"Perdão, Pai, cabe-me a culpa, estou pronto a saldá-la. Abençoe Madalena, pois em nossa rude maneira de ser, ela é o anjo que nos enviaste!"

As lágrimas brilhavam nos olhos de ambos. O sorriso aflorou, espontâneo, assim como foram as palavras pronunciadas. Um novo dia, um novo horizonte, uma nova vida se desenhou para Adolfo.

Era uma etapa alcançada! Pedro, Madalena e Adolfo sentiram o momento chegado para libertarem-se do passado. Compreendendo-se e perdoando-se mutuamente, mostravam-se finalmente mais preparados para uma encarnação mais frutífera.

Mas, e Violeta?

Não participava da mesma alegria, pois o passado era-lhe escuro. Não compreendia as razões e os porquês!

Era uma suicida. Carregava tormentos por esse ato. Cometera outro erro que a abalava constantemente, mas ao qual apenas suas fibras íntimas registravam, sem emergir do subconsciente. Era impulsiva, voluntariosa e imprevisível!

Vencendo barreiras entre a vida espiritual e a corpórea, muito aprendera, porém nas ocasiões difíceis comportava-se qual encarnada. Esquecia-se de que a forma etérea não lhe permitia certos abusos sem que estes logo registrassem as consequências. Trabalhava, aprendia, tropeçava, levantava, amava os seus, procurando amar aos semelhantes, mas, quanto a perdoar definitivamente Otaviano, vacilava. Este era o ponto máximo de seu aprendizado, pois não conseguia livrar-se do complexo terrível de culpá-lo, vitimando-se.

Irmão Gustavo obtemperou a seus tutelados:

— Amigos e irmãos, como me sinto radiante! Anos e anos convivemos juntos, em uma união que hoje se efetiva maravilhosa. Há duas criaturas que os esperam, e sem elas jamais encontrarão seus verdadeiros caminhos, desincumbindo-se dos compromissos espinhosos e abraçando outros muito mais plenos; são elas Violeta e Otaviano que, a nosso pesar, sofrem as consequências que lhes são próprias.

— Que fazer, irmão?

— Iremos ao Vale e traremos Otaviano, se Deus o permitir!

Madalena levantou-se; seus olhos brilhavam, seus lábios sorriam.

— Irmão, será este o dia tão esperado? Oh! Senhor, sabe o quanto desejo, e quanto tenho sido confiante em Seus desígnios, mas se depositar em minhas mãos esta dádiva gloriosa, esteja certo que não a desperdiçarei nunca mais! Bem sei hoje que outrora me confiou Otaviano como filho e eu, mãe ingrata, o matei, quando ainda em meu ventre se formava. Sei igualmente, Senhor, que em nova chance ele veio ao mundo e, em outros braços, pequenino, o abandonei, como se não fosse parte de mim mesma! Senhor, sofri muito por minhas inconsequências... Quando na carne novamente renasci, tive-o como marido e, em Sua sabedoria, impossibilitada de ser mãe! Fui para ele a mãe que não fora outrora, e ainda hoje é como filho, que desejo em meus braços!

O pranto descia abundante. Pedro e Irmão Gustavo não retiveram as lágrimas sinceras, pela confissão inesperada.

Madalena ajoelhou-se e, embargada pelas lágrimas, pronunciou em êxtase sublime:

– Pai, levai-me às sombras, se aquele que me destes por filho lá permanece. Aprovai sua vinda à luz e dai-me nova oportunidade de embalá-lo nos braços, guiar-lhe os passos e elevá-lo até Vós!

Não havia palavra que pudesse traduzir a sensibilidade reinante. Era uma só vibração, entrelaçada de arrependimento e amor!

***

Cristina chegara cedo a Pouso Alegre, acompanhada por Irmão Amaro.

Madalena os abraçara feliz, concluindo os últimos preparativos para a difícil caminhada.

Às nove horas, subiram ao carro-comboio, que os levaria à borda do Vale.

Irmão Amaro e Irmão Gustavo responsabilizavam-se pela caravana espiritual, composta por 32 elementos.

Durante o percurso, trocaram entre si pouquíssimas palavras, destinando o tempo para a prece e meditação em pensamento salutar.

Para alguns espíritos, era trabalho de costume; para outros, eram novos conhecimentos. Para Madalena, era ir ao encontro da felicidade!

Otaviano fora localizado. Seu estado penalizava a todos, mas já estava sendo preparado para a sua remoção.

E assim, menos tensos, fizeram a viagem de retorno. Quando os portões de Pouso Alegre se desenharam à distância, foi um só agradecimento, uma só voz que se elevou ao espaço.

ACOMODADO EM SEU QUARTO, Otaviano dormia exausto, como se há séculos não descansasse.

Estava sob os cuidados de uma excelente enfermeira, que há pouco habitava Pouso Alegre, mas que se dedicava ao trabalho com amor, facilitando sua reabilitação no plano espiritual com maiores possibilidades e em tempo mais rápido.

Madalena, afastada, orava em seu favor, fazendo--lhe proveitoso um encontro entre ambos.

A cada dia, algo dentro dele despertava para a vida. Perguntava quando poderia sair, onde estavam seus conhecidos, que lugar era aquele e até quem ele era...

Por muitas vezes, surpreendia-se indagando-se se realmente estava vivo ou morto. Admitindo ser um morto, queria saber se ali era o inferno ou seria o purgatório. Pedia audiências com o dono daquele lugar. Queria ver Madalena...

A um só tempo, ria e chorava de desespero, contorcia-se de dor, negava-se a orar, queria morrer!...

Madalena a tudo acompanhava, silenciosa, confiante.

Violeta, impaciente e nervosa, não reencontrava paz desde que ele ali ingressara. As crises de descontrole, raras ultimamente, agora tornavam-se constantes. Um sentimento penetrante de remorso a consumia. Orava, suplicante, a Deus para que a esclarecesse, que lhe rompesse o véu do esquecimento, pois tudo era preferível diante da incerteza!

Irmão Gustavo, bondoso como sempre, a assistia, com palavras meigas, conselhos sábios:

– Violeta, muito em breve terá a resposta esperada. Terá o tempo que for preciso para se preparar, mas como receita lhe prescrevo que ore e perdoe Otaviano!

– Eu não o odeio, já não basta? Não quero seu mal, mas quero-o longe de mim...

– Se seus rancores, suas desavenças, entram em conflitos e criam problemas que a ele se ligam, creia, somente com ele os resolverá.

– Mas, Irmão, eu tenho Pedro, que foi meu companheiro na Terra, a quem eu quero muito bem. Não poderia ser sempre assim? Quando eu voltar a reencarnar, permita que seja ele novamente colocado em meu caminho, e juntos possamos construir o lar destruído... Por que é preciso Otaviano, por quê?

– Violeta, Deus não nos concede a reencarnação para satisfazermos nossas vontades. Cada um de nós necessita de determinadas provas. Elas são o farol em nossas trevas; é por meio delas que nos encontramos, nos unimos, aprendemos a amar e a perdoar nossos inimigos. Você reencarnará, mas com compromissos, com responsabilidades. Uma vez lá, sua meta já estará traçada; não justificando, terá de repeti-la quantas vezes forem necessárias.

Passando a mão sobre os cabelos ondulados de Violeta, Irmão Gustavo levantou-lhe o rosto envergonhado.

– Precisa aprender que, na Criação do Pai, todos estamos dentro dos mesmos desígnios, e a meta é uma só: conhecê-lo por meio do amor.

Violeta debruçou-se em seu leito e chorou aliviada em sua tensão, mas não convencida de todo quanto a seu futuro.

Era novamente primavera. A Colônia Irmão Agostinho engalanava-se de flores por toda parte.

Eram rosas, miosótis, cravos, crisântemos, flores do campo, árvores, arbustos e a relva macia e verde pincelava o quadro em seus retoques finais. Oh! maravilha da natureza e da Criação! Por toda parte existe a bênção divina, não só embelezando a existência, mas principalmente ensinando. Em toda obra de Deus existe vida, em tudo se nota Sua sabedoria!

Cristina acompanhava um enfermo em breve caminhada pelas alamedas, pensando que dentro de dias estaria em Pouso Alegre.

Deixar Irmão Agostinho para ir ao encontro dos amigos na casa de reabilitação era motivo de alegria para ela. Colheu lindo maço de flores para embelezar Pouso Alegre e levar lembranças da Colônia!

Cristina, fora de dúvida, poderia estar em plano mais alto, ampliando seus conhecimentos, adquirindo novas conquistas. Porém renunciara por amor, por humildade, no exemplo belo de fraternidade.

Tivera uma encarnação de méritos, que lhe possibilitava ingresso a novos núcleos espirituais, mas ali estava e assim por ora desejava permanecer.

Chegaram a Pouso Alegre por volta do meio-dia e, após abraçar os amigos, imediatamente colocaram-se à disposição de Irmão Gustavo.

Este, na sala nova, instalada recentemente, verificava a aparelhagem, extasiado de emoção, pensando que para sua humilde casa era uma dádiva, e quantos espíritos teriam chances de recuperar-se com o auxílio daquele instrumento.

Cristina percorreu o olhar pela sala, atraindo sua atenção a tela bem à frente de uma cadeira anatômica colocada sobre uma placa metálica, e em cujos braços havia botões correspondentes aos instalados na tela. Acima da cadeira, um disco rotativo acoplado com um refletor que dirigia sua luz à tela, processando a imagem.

– Deus permita que esta obra chegue logo à Terra...

– Um dia chegará, mas é preciso que a humanidade primeiro se torne espiritualizada. Não se penetra no passado por curiosidade, por causas imediatas, mas sim com o melhor dos objetivos, e aqueles que virem e ouvirem devem saber guardar para si. Não são permitidas violações dentro da natureza! Em todo ato de cooperação com amor, a discrição deve acompanhá-lo. Sem humildade e sigilo, as ações fenecem antes mesmo de brotar. Quem a este aparelho se submeter fará jus à nossa compreensão e carinho, esperando que, ao levantar-se desta cadeira, tenha dentro de si uma nova fé, uma nova esperança. Não somos ninguém para apontar, pois somos igualmente transgressores da lei divina. Vale-nos apenas ser instrumentos na obra de Deus, no caminho da Verdade. Quem não tiver pecado, que atire a primeira pedra!

***

Pedro, na hora precisa, submetia-se ao exame de consciência proveitoso. Um pouco nervoso, controlava-se, certo da necessidade.

Acomodado confortavelmente, submeteu-se ao passe magnético transmitido por Irmão Gustavo. Acionados dois botões instalados no braço da cadeira, imediatamente os correspondentes na tela acenderam suas luzes.

Durante alguns minutos, o grupo dentro da sala permaneceu em prece.

A tela resplandeceu e as primeiras imagens tiveram lugar. Pedro, consciente, observou-as com atenção.

Dentro de um lar tranquilo, viu seus pais e viu Adolfo como seu irmão mais velho. Mais tarde, ambos constituíram família. Pedro, dentro de seu novo lar, viu uma garotinha. Já sabia que Violeta havia sido sua própria filha, mas mesmo assim a emoção foi quase incontrolável. Os anos se passaram e Violeta, já na adolescência, trazia-lhe dissabores incontáveis.

Via-se como pai a aconselhá-la, sem nada conseguir; abandonou a luta mal começada, deixando-a agir ao bel-prazer, sem proteção.

Adolfo, querendo bem ao irmão, seguiu a sobrinha e, encontrando-a, tratou de lhe dar uma severa apreensão.

Violeta, em casa, contou ao pai e este como fera voltou-se contra o irmão, desferindo-lhe insultos sem razão, pois, tomado de ira, ofendeu-lhe a esposa com calúnias injustas.

Adolfo, revoltado, jurou vingança. Os dois irmãos, separados, nunca mais tornaram a se rever.

Na vida espiritual, depois de longo tempo de incerteza, os três foram preparados para nova encarnação.

Pelo planejamento reencarnatório, Pedro seria o amparo a Violeta; na hora precisa, sentiria a humilhação de um lar ofendido, porém deveria vencer a dificuldade, permanecendo junto dela por muitos anos, apaziguando-se em sua negligência anterior. Violeta distanciar-se-ia de suas antigas paixões, sendo uma esposa fiel, uma mulher honesta em seus sentimentos.

Adolfo, que seria aceito muito bem por ambos, pois no esquecimento do passado prevaleceria o amor fraternal, constataria a cena já conhecida, tendo a oportunidade de entender-se amigavelmente com Pedro, auxiliando-o no momento exato, amparando a prima, unindo o casal, dando testemunho de humildade e perdão. Mas, quando chamado a cumprir o seu dever, inconscientemente, voltando-lhe a antiga rivalidade, aproveitou-se da situação. Por falta de renúncia, dissera a Pedro as mesmas ofensas que um dia ele lhe dissera!

Irmão Gustavo desligou o aparelho, auxiliou Pedro a levantar-se, aproximou-o de Adolfo também presente, e abraçando-os obtemperou:

– Sem serem inimigos, possuem débitos um para com o outro!

Adolfo e Pedro olharam-se fundo nos olhos, como a quererem penetrar-se mutuamente, quando por fim Adolfo se expressou:

– Perdão, meu irmão, sou mais culpado.

– Eu é que lhe peço perdão. Aceita-me novamente como irmão. Perdoe-me as fraquezas. Abraçaram-se, comovidos, na esperança sincera de juntos vencerem a si mesmos, durante a nova encarnação que por certo viria, e todas as lembranças se apagariam. Somente prevaleceriam os laços afetivos, o bom senso, a lição aprendida da moral e do amor.

Unidos no trabalho caridoso de consolar a quem chora, certamente renovariam suas forças e libertar-se-iam, pouco a pouco, dos sentimentos menos puros que os visitariam como prova necessária ao reajuste espiritual.

NA PENUMBRA REINANTE, INSPIRANDO paz, o enfermo encontrava-se em sonoterapia.

Irmão Gustavo, após aplicar-lhe o passe, dirigiu-se a Violeta:

– Acalme-se, é hora de despertarmos Otaviano; controle-se, porque verá somente a você! Tenha fé e seja ponderada...

Ela, ao pé da cama, aguardava as reações que se seguiriam com ansiedade e temor. Não tinha coragem de enfrentar a situação, mas sabia ser preciso.

Irmão Gustavo tocou a fronte de Otaviano e seus olhos se abriram; virou-se a reclamar alguma coisa e a voz lhe sumiu.

Violeta, sempre impulsionada pelo bom irmão, pronunciou com dificuldade:

– Como está? Eu também moro aqui!

– Saia, porventura esqueceu-se de seu crime? O que deseja? Estou morto!

Descontrolada, sem benevolência, ela desfechou-lhe toda a ira contida sabiamente pelos seus instrutores.

– Seu inescrupuloso! Roubou-me a honra, arrastou-me ao suicídio, destruiu meu lar, traiu a confiança de meu marido e ainda me ofende?

– Ah! talvez eu tenha obrigação de agradecer a mulher que me tirou a vida!

– Eu? Está louco? Matei-me é certo, mas nunca a você, nunca!...

Já em desespero, Violeta começou a pedir:

– Ajudem-me, ajudem-me...

– Ore – dizia Irmão Gustavo –, ore, minha filha.

Pôs-se a declamar com todo sentimento que conseguia a prece ensinada por Jesus e, conforme as palavras lhe saíam dos lábios, sua mente se aclarava!

Via-se a pegar o copo com água, despejar nele o veneno, falando ao irônico Otaviano:

– Veja. Juro que me matarei agora, bem à sua frente, para que sinta remorso pelo resto da vida!

– Não teria coragem – disse ele rindo, incrédulo. Para quê? A vida é tão boa...

Vendo-lhe o cinismo, como um furacão, passou-lhe pela cabeça um pensamento sinistro:

– Vou matá-lo. Morreremos juntos!

Voltou à cozinha apoderando-se de outro copo. Não saberia dizer quanto tempo lá ficou, mas ao voltar para a sala já não mais o encontrou.

Possuída pelo rancor, saiu em busca de seu algoz. Vociferando internamente, chegou à casa dele, entrando sem preâmbulos, na intenção de desfechar-lhe toda a revolta. Estava tão desorientada que nem notou que a porta já estava aberta.

Mas a ela estava reservada uma grande surpresa, pois na cama Otaviano rolava de um lado para outro, contorcendo-se de dor. Olhou-o sem piedade. Não sabia como, mas ele estava morrendo!

Arrependido de seu ato, ao ver Violeta, Otaviano suplicou-lhe ajuda. Era a única pessoa que poderia socorrê-lo e salvar-lhe a vida, mas ela se recusara. Fosse atendido a tempo a dose do veneno por ele ingerido não teria lhe sido fatal. Mas Violeta permanecera inabalável, deixando-o entregue à sua sorte.

Apressada e desorientada, Violeta regressou à sua casa e deu continuidade ao seu intento, tomando de uma única vez a dose fatal do veneno, deixando a vida na Terra antes mesmo que Otaviano, que para desencarnar lutara por longas horas, envolto pelo sentimento de vingança, por achar que havia caído numa cilada armada por Violeta, quando, na verdade, antes de sair, Otaviano se servira inadvertidamente do copo de água que Violeta anteriormente lhe mostrara. Incrédulo, jamais imaginaria ter ali realmente veneno com o qual pouco tempo antes ela dizia querer dar cabo à sua própria vida. A cena também fora presenciada por Adolfo.

Violeta, desnorteada pelas lembranças, queria fugir dali, mas Cristina a abraçou carinhosamente, ouvindo com benevolência seus desabafos:

— Eram essas as lembranças que me atormentavam... Sou tão assassina quanto qualquer outro criminoso.

— Com quem fala? — perguntou Otaviano.

— Com uma benfeitora. Quero que saiba que estou desesperada, pois eu o odiei tanto pelo que me fez, ignorando minha ação ignóbil em relação a você... Pouso Alegre nos oferece reconciliação e nada mais impede de esquecer as desavenças, procurando nos entender... Perdoe-me, sou por demais insensata. Culpo-me, culpo-me...

– Quer que a perdoe? Como se isso fosse tão simples...

– Por favor, estou sendo sincera, junto a nós estão muitos amigos. Você ainda não os vê, mas eles são testemunhas de meu arrependimento. Ah! se eu pudesse voltar atrás...

– Então, faça-me um favor. Se quer mesmo me ajudar, há duas pessoas que quero ver: minha mãe e Madalena.

Violeta desejou esclarecer-lhe que bastaria um só pedido sincero dirigido aos céus e sua visão se aclararia, na alegria imensa de ver Madalena a seu lado, porém a emoção a impediu, pois Cristina se tornava visível diante de Otaviano...

Esfregando os olhos como a não acreditar, a silhueta à sua frente pouco a pouco se formava. Extasiado, de um só salto, sentou-se ao leito; olhando-a sussurrou primeiro, para depois repetir emocionado:

– Mãe, minha mãe, onde estava?

Cristina o recebeu nos braços comovidamente... Não importava quem fora. Tinha-o como filho da alma, como irmão em Cristo!

– Filho adorado, quanto desejei este momento. Peço-lhe não o entristeça, nublando-o com a incompreensão; por piedade, não agrave seus compromissos com mais uma falta de amor! Eu sei que dentro de seu coração existe o lado bom, pois sabe ser generoso quando quer, eu sei que é capaz de amar. Não me negue esta alegria, deve entender-se com Violeta, pois se analisar bem, verá ser você a mola principal a impulsionar toda esta situação. Se tivesse sido correto em seus deveres, respeitando seu semelhante, nada teria acontecido...

— Mãe, não quero negar um pedido seu agora, não quero que se afaste de mim novamente.

Cristina, puxando Violeta, tomou-lhe a mão, unindo-a com a de Otaviano. Levantou a cabeça dele com os dedos e fê-lo olhar nos olhos lacrimosos de Violeta:

— Amem-se, perdoem-se, meus filhos!

Violeta chorava, incontrolável. Otaviano tinha os olhos marejados de lágrimas como os da mãe, e num desprendimento onde só o amor triunfa Cristina afastou-se do filho, unindo o casal em amplexo de compreensão.

Madalena, a poucos passos, rendia graças ao Senhor por tão grande felicidade. Naquele momento, ela, que os abençoava pelo gesto de humildade, sentiu Cristina achegar-se, abraçando-a:

— Somos duas mães a chorar pelo mesmo filho!

— Distanciada estou da grandeza de sua maternidade, pois eu só lhe dei a vida, e a você coube criá-lo, obrigação por mim abandonada. Em outra encarnação, apenas o acompanhei alguns anos como esposa, desejando ser mãe! Este momento é todo seu, irmã. Eu ainda muito preciso chorar a minha dor e arrependimento, a fim de expiar meu erro, e só depois poderei abraçá-lo!

O reencontro fora feito não para Violeta defrontar-se com Otaviano, mas consigo mesma. Era de fundamental importância, pois tomando-se por vítima, ela arrogava-se o direito de julgá-lo sem julgar-se. Na realidade, fora ele o provocador direto, porém não cabia a ela o direito de justiça. Chamada a socorrê-lo, jogou fora a oportunidade de reconciliação, pois, ao deixá-lo morrer, contribuiu de forma sistemática para o triste desfecho. Aos olhos da Lei, era tida como criminosa.

Madalena perdia-se nas próprias lembranças que a faziam sofrer. Via-se entregando o próprio filho logo ao nascer a uma casa de amparo ao menor; mais tarde, Cristina o recebeu, tomando-o como filho. Porém sabia que em Otaviano germinara uma revolta pelo abandono sofrido, pois ainda adolescente desejara destruir o mundo, destruindo-se. Jovem, encontrou-se com Violeta. A atração foi recíproca, iniciando assim o namoro.

Madalena lembrava-se da enfermidade que a prendeu ao leito durante 15 anos, um tempo de arrependimento, lágrimas e súplicas para ver o filho.

Na vida espiritual, durante longos anos, sofreu a agonia de sua inconsequência. Capacitada finalmente à nova encarnação, mostrou-se digna da lição aprendida, dando ao filho o amor outrora negado, sendo para ele o amparo de todas as horas!

Fora esposa, impossibilitada que estava de dar a vida a outro ser. Abraçando os laços do corpo, uniu também os da alma, pois o Otaviano de hoje a adorava. O amor que ela lhe transmitira em poucos anos fora tão imenso que sufocara qualquer incompreensão; fez de sua vida a dele.

Mas ainda lutava pela conquista do filho perdido, não por ele, que a aceitaria sem relutância, mas por ela, que não se achava à altura de tão grande dádiva: ter saldado sua dívida!

Este direito pertencia a Cristina, que por duas vezes o acolhera, materna, amando-o tanto quanto ela, renunciando por ele às mais altas aspirações, vinculando-se em Irmão Agostinho, aguardando o momento chegado.

Durante 45 anos de vida espiritual, aguardou a volta do filho, e agora, feliz como nunca, abraçava--o de volta ao lar, unindo-o a Violeta, abençoando Madalena, que lutara sem esmorecer por seu triunfo. Otaviano a elas chegara e, com dificuldades, é certo, abrangeria maiores conhecimentos no futuro.

Não seria de imediato a mudança, porém dono de um coração que por muitas vezes não o traíra, conquistara amigos e tivera amor pelas crianças. E este fator explorado chegaria a outros, os quais, chamados à razão, se ramificariam em busca incessante do bem.

Ainda na semipenumbra do quarto, Otaviano abraçou mais uma vez a mãe que ele conhecia, olhando com olhar indefinido para Violeta, mas em que já se podiam notar os primeiros sentimentos experimentados quando a vira na última reencarnação. Voltaram-lhe levemente as lembranças, parecendo-lhe doce à alma acariciá-la, amá-la, perdoá-la.

– Mãe, quanto desejei vê-la, quanto a chamei, quando preso em local horripilante! Não saia mais do meu lado...

– Saiba, meu filho, que nunca nos apartamos da Universalidade a que estamos submetidos, portanto compete-nos amar a todos com a mesma intensidade. Assisti aflita, lacrimosa, às tristes decorrências provindas dos caminhos por você seguidos; aguardei, ansiosa por abraçá-lo e vê-lo em abrigo. Desejo-lhe o melhor e o melhor para você é voltar à Terra, riscando temporariamente o passado, sendo honesto, trabalhador, distanciando-se das más influências a que tende, e somente pelo sacrifício, pela dor, pelas novas vicissitudes que encontrar, conseguirá distanciar-se desse passado, e ser mais feliz.

– Mas, mãe, se novamente me fizer homem, repetirei tudo, não sou forte... Será minha mãe novamente?

– Não lhe posso afirmar, pois não me compete. Quanto a repetir tudo novamente, é possível, se não se preparar. Terá tempo e oportunidade... Levante-se hoje mesmo, e ponha-se ao trabalho agora. Auxilie os mais fracos, estude e aprenda a ser útil; quando estiver novamente na carne, vencerá a si mesmo através de uma vida sensata, reta e digna!

– Quero ouvi-la, desejo fazer o que me pede...

– Ótimo, comece então por perdoar de coração Violeta. Agradeça a ela se também o perdoar. Procure seus antigos companheiros e ensine-os que existe vida melhor. Tire-os dos vícios. Incentive-os ao trabalho, com palavras, com exemplos. Desce à Terra na condição de espírito desencarnado, leve Violeta consigo e ambos, querendo-se bem, ensinarão muitos outros a quererem-se bem também.

– Violeta, aceita-me como companheiro, ensinando-me tudo o que aprendeu?

Tocada bem no fundo, pelo gesto de humildade seguido pelo pedido inesperado, Violeta respondeu:

– Permita-me aprender com você, Deus nos concede oportunidades incessantemente.

Na fisionomia de Otaviano um ar confortante transpareceu, e o dia já quase amanhecia, quando ambos deixaram o quarto e acomodaram-se no pátio.

Violeta apanhou duas pequeninas flores e sorrindo meigamente, entregou-as ao novo amigo!

– Espero que goste de Pouso Alegre e de mim também, já que vamos caminhar juntos por muito tempo.

– Sinto que sempre gostei de você, esse tempo todo foi um lapso, um equívoco em nossa vida..., mas gostaria de ver Madalena, saber dela, onde está?

– Mais próxima do que imagina...

UMA NOVA REENCARNAÇÃO

SEIS MESES SE PASSARAM, ocupando-os no preparo para a nova reencarnação. No dia marcado, chegaram logo pela manhã; Violeta, antes de qualquer atividade, quis primeiro visitar Pedro no hospital. Otaviano preferiu aguardá-la. Enquanto esperava, caminhando lentamente pelas ruas, foi pouco a pouco tomando um rumo certo, pois seus passos irremediavelmente conduziram-no ao passado, na busca por Madalena, ao quarto em que vivera e morrera!

Entrou e notou que estranhos o habitavam, e tudo estava mudado... Recostou-se ao solo, buscando em suas lembranças a incansável e meiga companheira de outrora. Tentava retirar do arquivo da memória as cenas de sua vida.

Um torpor momentâneo o invadiu, quando vislumbrou nobre mansão, em que ele, príncipe déspota, a todos comandava sem piedade.

Observou a ampla extensão de terra, negros acorrentados que o amaldiçoavam. Viu Madalena, para seu espanto, como uma escrava, cuja beleza e graça o fascinava Aproveitando-se de sua posição, tomou-a para si. Do amplo palácio viu sair um escravo, que, tomado de ira, o apunhala mortalmente, em defesa da jovem cativa...

Das escadas marmóreas desce elegante dama. Era Violeta que aos soluços tenta reerguê-lo, pois era seu marido! Viu Pedro, amigo íntimo de Violeta.

Otaviano arregalou os olhos, esforçando-se por aprofundar-se mais, porém a imagem desapareceu, e à sua frente estava Violeta...

Fora rico e invejado! Nada aproveitara, só desperdiçara, e fizera-se déspota de pobres criaturas. Voltando à carne novamente, como filho do homem que lhe tirara a vida e da mulher ultrajada, o ódio de ambos ainda não refreado relegou-o ao abandono, sendo criado por mãos caridosas.

Em nova encarnação, conhecera Madalena, e a antiga atração o fez desposá-la, porém encontrou na esposa não mais a ex-escrava, mas a mãe que o abandonara.

Levantou-se do chão em que se sentara por horas, apoiou-se em Violeta e ambos saíram da casa onde tantas lembranças afloraram, mas ambos sabiam que era preciso caminhar para frente. Conhecer o passado teria de lhes ser proveitoso para o futuro.

Um pouco atordoados, amparando-se mutuamente, caminhavam lado a lado. Violeta o lembrou de que tinham um compromisso importante para aquela noite e não poderiam deixar de cumpri-lo. Não seria o primeiro tropeço a lhes impedir. Otaviano concordou e puseram-se rapidamente a seguir para a reunião que os aguardava no presídio.

Chegaram cedo e sentaram-se logo à frente. Observaram que detentos parcialmente desligados do envoltório físico estavam presentes.

Entraram também no salão alguns encarnados que em hora de repouso se dedicavam à sublime tarefa de auxílio aos pobres caídos em trevas. Entre eles, Otaviano distinguiu dois que se abraçaram felizes pelo reencontro.

Quando as últimas palavras encerraram a preleção, aproximou-se curioso de ambos:

– Vocês se conhecem há muito tempo?

– Oh! Sim, de vidas passadas – respondeu o mais velho.

Quase todas as noites, eu e meu amigo nos encontramos aqui, embora no corpo jamais nos tenhamos visto. Em espírito, unimo-nos para colaborar no que nos é possível.

Otaviano olhou-os num misto de curiosidade e simpatia, sem saber que um fora o pai de Madalena e o outro, Vicente, seu incansável companheiro de tarefas.

– Amigo, disse-lhe Vicente, alegramo-nos em vê-lo, mas não somos tão livres quanto você, pois o corpo, bendito santuário, nos aguarda.

Ambos se despediram, rumando a pontos diferentes. A Otaviano era forçoso admitir que dois espíritos amigos, distanciados pelos caminhos terrenos, encontram-se espiritualmente, pois não existem barreiras para dois corações que se unem por sinceros laços de afeto...

Pedro, que acabava de chegar, observava-os, aguardando ocasião para aproximar-se. Aproveitando-se do episódio, chegou mais perto e foi falando, amistoso:

– Vejam, os dois companheiros que há pouco saíram são nossos colaboradores anônimos, pois lembram-nos de que nosso afeto não deve ser restrito, se queremos vencer batalhas no bem, mas sim ilimitado.

Otaviano olhou-o surpreso e apenas respondeu:

– Não posso voltar atrás no que fiz a você, mas hoje não só me arrependo como também me envergonho profundamente.

– Eu também me envergonho de muitos fatos. Como vê, estamos na mesma situação.

– Você nada fez; eu sim, aproveitei-me de sua ingenuidade!

– Saiba que eu e Violeta nos casamos por um querer bem infinito, é verdade, alicerçado em compromisso fraterno que mantemos desde encarnações pregressas. Eu sim fracassei... Deveria tê-la amparado, sido forte diante das adversidades, porém nada fiz. Não sou menos culpado. Sejamos amigos, unidos seremos mais fortes nas dificuldades que hão de vir!

Otaviano, lembrando-se de sua figura nas escadarias da enorme mansão, indagou:

– Você já teve ocasião de sonhar com o passado?

– Ah! É imprescindível que isto nos aconteça um dia para podermos sentir de perto o quão ínfimos somos para exigirmos egoisticamente mais do que merecemos!

– Nós já nos encontramos antes, sabia?

– Sim...

– Eu fui marido de Violeta – disse com receio –. Vocês me traíram.

– Você foi assassinado por causa de Madalena, e o assassino lhe foi pai na encarnação seguinte. E eu, casado, deixei-me encantar por Violeta – concluiu Pedro.

– Eu fiz o mesmo com você...

– Então estamos certos – disse brincalhão Pedro, sorrindo amigavelmente.

Violeta os ouvia constrangida, sentindo o elo existente entre ambos, até que não se contendo mais rompeu em soluços.

Sentiu a mão suave em seus ombros. Ergueu os olhos e deu com os de Otaviano.

Momento sublime! Duas almas com um passado em comum se reencontravam novamente, com marcas a lhes doerem profundamente. Mas benditas cicatrizes, que lhes seriam mostras contínuas do caminho certo a seguir. Abraçaram-se, e seus corações se uniram como há muito já deveriam estar.

– Pedro! exclamou Violeta, obrigada por sua bondade... Para mim é e será sempre o melhor de todos os pais, pois é assim que o vejo.

Pedro os abraçou comovidamente.

– Faço neste momento o que há muito tempo atrás deveria ter feito. Prometo orientá-los, ampará-los para a vida futura, como todo pai deve fazer por seus filhos...

Quem os olhasse, perceberia dois jovens em pleno alvorecer dos anos, e um senhor cujo tempo embranquecera os cabelos castanhos...

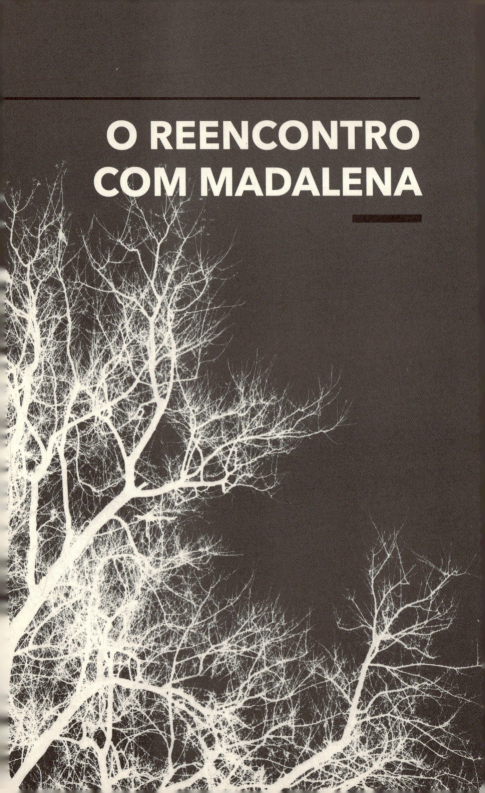

O REENCONTRO
COM MADALENA

MADALENA, EM POUSO ALEGRE, aguardava ansiosa as notícias provenientes da Terra, onde o alvo de sua ternura dava passos decisivos para a vida futura.

Ao ver Otaviano e Violeta unirem-se por um amor contido pelas vicissitudes da vida, percebeu o quanto deveria lutar para tornar cada vez mais forte aquele vínculo do passado no mais indestrutível laço do matrimônio das almas. O quanto se sentiu mãe, vendo os jovens que se abraçavam; o quanto desejou estreitá-los em seu regaço amoroso.

Passaram-se dias de paz e reconforto à sua alma amiga e conselheira dos aflitos, enquanto Otaviano e Violeta caminhavam trabalhando e aprendendo na Terra, erguendo os caídos com palavras de consolo. Observava-os felizes por serem úteis, descobrindo--se em cada palavra, em cada gesto... Outras vezes ocultava-se próxima, sentindo-os bem de perto, com enorme sensação de júbilo ao vê-los em paz!

Dois anos se passaram e Otaviano, prestes a retornar a Pouso Alegre juntamente com a companheira de todas as horas, já sentia saudade imensa dos amigos com os quais acostumara-se a conviver. À noite, foi ao presídio para assistir à conferência habitual e despedir--se dos companheiros mais afeiçoados.

Após a palestra, dirigiu-se ao senhor encarnado já bem conhecido seu:

– Seu amigo Vicente hoje não veio?

– Adoeceu gravemente, antes de vir à reunião,

senti-me atraído a sua casa e pude vê-lo prostrado ao leito, quase sem forças. Uma doença incurável o levará ao túmulo, libertando o espírito já cansado.

Diante da notícia, Otaviano e Violeta dirigiram-se à casa do amigo enfermo, que, agonizante, se debatia com a chamada morte.

Dos vários espíritos que o cercavam, destacou uma senhora que lhe suscitou lembranças! Onde a teria visto? Sem explicações, seu coração palpitou forte ao sentir o doce olhar da desconhecida pousar sobre o seu.

Vencendo a atração inexplicável, aproximou-se do enfermo, cujos olhos do corpo, semicerrados, traziam a marca dos derradeiros instantes, contrastando com sua visão espiritual, que compreendia o que se passava, observando os amigos à sua volta, recebendo o socorro espiritual.

Otaviano sentiu-o calmo, querido e cercado de toda atenção, que ele reconhecia, agradecido.

Mais alguns instantes e o desligamento foi completado, surgindo o espírito marcado por suas últimas lutas, mas profundamente feliz.

Saudou os companheiros brevemente, inclusive a ele, Otaviano, para depois descansar no braço amigo que se estendia reconfortante: os daquela senhora que tanto o impressionara.

Abraçados, como se já há muito tempo aguardassem aquela união, entraram no carro hospitalar, onde Otaviano reconhecera as insígnias de Pouso Alegre.

Para o encarnado, habituado à prece, às boas companhias, a pensamentos salutares, a contatos com os obreiros do além, o transe da desencarnação efetua-se sem transtornos; deixando o corpo como um fardo pesado, torna-se leve e flutuante.

Nada se perde do que foi adquirido: amizades, estudos, compreensões, afetos, tudo se vincula no arquivo dos sentimentos e da memória, guardando as sensações que elevam o espírito, reerguendo-o no futuro a cada incerteza, auxiliando-o a subir moral e intelectualmente.

Em Pouso Alegre, Madalena cercava Vicente de cuidados. Agradecia a Deus por ele ter voltado vitorioso. Apesar de muito ainda faltar para a felicidade maior, ele havia dado, com maestria e destreza, tudo de si.

– Senhor... Um dia me vi envolta por seus braços amigos, transportando-me para esta nova vida. Hoje aconchego este companheiro de luta em meus próprios braços. Obrigada, Pai!

***

Turvado por forte neblina, afigurava-se no horizonte um castelo, envolvido por muita paz, demonstrando ser ele uma fonte de bondade e de luz. Era o lar amigo, onde Madalena e Vicente seriam recebidos com muito carinho.

Enquanto isso, Violeta e Otaviano, deixando a Terra, já se aproximavam de Pouso Alegre e, divisando seu contorno ainda à distância, sentiam coroar de êxito seus espíritos saudosos.

Os dias passavam. Otaviano a cada dia aprendia uma nova lição, trabalhando sempre. Fizera descobertas importantes para o seu progresso; sabia agora que Vicente fora não somente aquele escravo que lhe tirara a vida, mas também o seu próprio pai na encarnação seguinte, pois lhe devia isso. Lutou muito em seu interior com a descoberta, mas conseguiu entender que o perdão era a mais bela forma de amar. Contudo, queria ver a mãe que o abandonara e não sabia onde estava.

Sua busca não foi em vão. Há sempre o momento certo para o reencontro, e esse dia chegou da forma mais singela aos corações de ambos:

A sala iluminou-se de uma luz fosforescente e violácea, dando entrada à mesma senhora que ele vira ao lado da cama de Vicente no momento do desencarne. Ela o olhou sorrindo e sem preâmbulos foi dizendo:

– Meu filho, errei. Não soube respeitar os divinos deveres da Criação. Rogo-lhe seu perdão! Cristina lhe fora mãe em duas etapas sucessivas, e bem sei que seus carinhos filiais a ela pertencem, pois ainda não os mereço. Peço apenas compreensão para quem sofre e ora por você constantemente.

Otaviano, surpreendido, colocando seus pensamentos em ordem, sentiu que deveria pôr em prática os conhecimentos aprendidos, que era aquela a hora do perdão! Tomou as mãos da genitora e com respeito as beijou.

Tocado por profundo sentimento, chamou afetuosamente o pai a participar do momento reconciliador, pois ele também o merecia...

Apesar de toda aquela felicidade reinante, Otaviano sentia a falta de alguém: Madalena. Arriscou-se na pergunta:

— Meus pais, onde está Madalena? Foi ela o anjo bom de minha vida. Quero desculpar-me, agradecer-lhe...

— Ama esta senhora que foi sua mãe com sinceridade?

— Não poderia ser diferente...

— Então verá Madalena!

Diante de Otaviano, a imagem da senhora começou a se transformar e, pouco a pouco, surgia Madalena tão bela e resplandecente quanto a outra figura, mas com os contornos fisionômicos que ele guardava vivos na lembrança!

Adiantando-se na caminhada do aprendizado, a mãe que ontem abandonara Otaviano voltara na última experiência terrestre como sua esposa, Madalena, a incansável companheira que não medira esforços para afastá-lo do mau caminho.

— Oh! Senhor! Deus Todo-Poderoso, que mais preciso para render-lhe graças pela Eternidade?! Meu Pai, perdoe-me e como vos agradeço por ter-me concedido a mais bondosa e querida das mães!

A prece sincera, aflorada espontaneamente, abriu seus sentimentos com a força de um raio atravessando o espaço. A pequena sala inundou-se de luz e Otaviano percebeu que de seu tórax tênues raios surgiam, pois pela prece, fiel companheira, comunicava-se com Deus...

Vencia mais uma barreira, deixando para trás as vestes rotas dos desviados, para começar a vestir-se com as túnicas próprias dos desejosos de redimir-se.

– Meu filho, pediu-lhe Vicente, nossa felicidade é imensa, porém há irmãos que sofrem. O Vale onde durante anos você viveu precisa de nossos cuidados e esperamos contar com você para trazermos a este recanto de paz aqueles que, como nós, buscam lenitivo.

– Seria para mim a felicidade completa.

– Louvo seus desejos. Nossa caravana partirá amanhã e você fará parte dela...

O dia mal se aclarava, quando partiram esperançosos de Pouso Alegre.

Entre seus ocupantes, encontrava-se o espírito de outro Otaviano.

Ao ver o lugar, sentiu calafrios; um medo inexplicável, fazendo-o recuar a passos vacilantes por várias vezes.

Mas, à medida que o tempo passava, foi adquirindo certa estabilidade, acostumando-se a observar sem sintomas negativos o que lhe era muito familiar.

Recordou sua passagem por ali e, comparando-a com a vida de agora, concluía quanto tempo perdera e lastimava- se sinceramente.

Durante quatro meses, incansavelmente, no escuro e tenebroso Vale, os espíritos obreiros trabalharam, onde a massa compacta de vibrações emitidas sufocavam, asfixiavam, mas pouco a pouco elas as tornavam mais amenas, até quando Irmão Gustavo deu por encerrado o exaustivo trabalho, fazendo a limpeza necessária das impurezas das vibrações.

Tornada a região mais acessível, felizes retornaram ao lar amigo, com o troféu da vitória elevado aos céus. Otaviano alçava-o ao Infinito, sob forma de prece, espargindo de suas mãos erguidas ao espaço uma coroa de luz escrita:

"Obrigado, Senhor."

Ele, que pela vida toda desejara o troféu da vitória por meio dos jogos de azar, ganhava-o agora, por meio da partida consigo mesmo, compreendendo nada existir de mais belo e concreto. Era de seu interior que se elevava à vitória difícil, mas registrada pela Eternidade.

A REENCARNAÇÃO

O CORAÇÃO DA MENINA palpitava ansioso porque, na humilde casa, iria nascer um pequenino ser. A mãe aguardava em súplicas e gemidos a hora que tardava em demasia.

O avô, que sempre fora bem-vindo naquele lar modesto, correu ao pedido da órfã que lhe viera avisar que a mãe iria lhe dar um irmãozinho e precisava de ajuda.

O pai, falecido meses antes, deixara uma lacuna no seio da família, provocando o nascimento prematuro do bebê.

Era Violeta que reencarnava. Quanto a Otaviano, nascera anos antes em lar abastado, onde três figuras se destacavam: a mãe, que imatura e inconstante, esbanjava a fortuna do marido; o pai, rico e descendente de família de nome respeitável, que vivia a embebedar-se e a entreter-se no jogo, pouco preocupado com princípios de educação e dignidade; e uma devotada avó, a quem ele atribuía amor filial. Fora ela quem o acompanhara desde o nascimento e quem lhe transmitia todo o ensinamento que obtivera através do espiritismo, o que cada vez mais arraigava-se em seu ser.

Anos mais tarde, Violeta e Otaviano se encontraram. Vieram o noivado e o casamento. Os dois avós sabiam pela voz da alma que ambos eram espíritos afins, que se cumpria o que há muito estava firmado.

No casamento, pela vidência, a bondosa senhora via muitos amigos do Plano Maior felicitando o momento importante e de júbilo para o plano espiritual, pois se concretizava a união de dois espíritos ligados por compromissos graves, que com o aprendizado do perdão e do amor ao próximo procurariam corrigir os deslizes do passado.

Madalena, reencarnada como avó, assumira o papel de mãe diante daquele filho, e o avô, que outro não era senão Pedro, desfazia-se em esmeros paternais à filha de outrora dando-lhe agora a proteção negada.

Dois anos se passaram e o casal aguardava ansioso a vinda de seu primogênito.

Ao término da gestação, Violeta deu à luz dois meninos gêmeos. Eram Vicente e Adolfo que reencarnavam.

Os dois garotos cresciam e tudo corria maravilhosamente, quando um fato veio constranger a harmoniosa família. O avô adoeceu gravemente e todos sabiam que era o fim que se aproximava.

Em sua larga jornada terrena, o espírito de Pedro fora realmente uma alma digna e benemérita.

Um ano depois, era a vez da avó, aquela a quem devotavam grande afeição e a quem deviam toda sua formação moral e espiritual, de partir igualmente da Terra.

Tanto Pedro como Madalena, ao verem-se novamente desencarnados, em lucidez extraordinária, num relâmpago, rememoraram com exatidão todo o passado, rendendo infinitas graças ao Senhor pela oportunidade e bom aproveitamento de todos os que lhes eram afins.

Na Terra, Otaviano, Violeta e os dois filhos, em louvor e agradecimento aos dois velhinhos, dedicavam-se com afinco às obras de caridade.

Violeta procurava amparar as mães solteiras e as criancinhas sem lar.

Otaviano atendia aos hospitais com tratamentos a alcoólatras e toxicômanos.

Os dois irmãos demonstravam fortes tendências espiritualistas, pelo coração generoso.

Dez anos se passaram e Violeta, rudemente castigada por problemas de saúde, via-se presa ao leito, sem esperanças de melhoras.

Otaviano e os filhos, desolados, recorriam a todos os recursos, resguardando aquela que lhes era muito cara, porém intimamente sabiam ser muito difícil debelar o câncer, no estágio em que já se encontrava.

O sofrimento foi muito grande e, numa tarde, após violenta crise, num desencarne doloroso, ela deixou o corpo, para grande tristeza dos seus.

Sofrendo ainda, Violeta, sob cuidados de mãos amigas, com visível dificuldade, fora transportada a Pouso Alegre, onde os companheiros a aguardavam, com um longo abraço de boas-vindas àquelas paragens, que ela tanto conhecia e que foram decisivas para a encarnação que ora se findava.

Após três anos, em que Otaviano e seus filhos mais do que antes abraçaram as lides espirituais e caritativas, novamente a tristeza lhes visitou o lar. Desta feita, era Adolfo quem magoava o coração paterno, com mais uma perda.

No laboratório em que trabalhava, sem perceber, numa infeliz casualidade para os encarnados, ingeriu de um só gole veneno fatal, não havendo possibilidade alguma de salvá-lo.

RETORNO A POUSO ALEGRE

OTAVIANO SENTIA, ERA INEGÁVEL, o golpe rude da vida que arrebatara os seus. Mas, auxiliado pelo filho ao seu lado, a incutir-lhe uma força espiritual muito acima da dele, concluiu, conformado, que os destinos das criaturas são traçados por elas mesmas, através das sucessivas reencarnações. Tomando rédeas novamente no trabalho, sempre ao lado daquele filho generoso e compreensivo, dispersou a tristeza e o desalento, refletindo em seu rosto a expressão de um homem amadurecido pelo sofrimento e consciente de suas responsabilidades.

Passaram-se mais alguns anos e o filho de Otaviano formava-se em medicina, dando-lhe grande alegria.

No dia em que o jovem doutor receberia seu diploma, ambos se aprontaram com esmero para a cerimônia que logo mais à noite seria realizada.

Estacionaram o carro em frente ao teatro e desceram. Distraídos, tarde demais perceberam, ao atravessar a rua, um caminhão em alta velocidade aproximando-se desgovernado.

Ao perceber de relance que o caminhão os colheria, o rapaz, imediatamente puxou o pai, resguardando-o, sendo duramente colhido pelo veículo. Otaviano estava vivo, mas o filho jazia morto. Salvara o pai, em troca de sua própria vida!

Para ele, o golpe foi esmagador. Perder o grande companheiro de sua existência fora rude demais.

Após os funerais, trancou-se em seu quarto e, dias após dias, orou pedindo forças para suportar as vicissitudes que a vida lhe reservara e que talvez ainda não estivessem findas.

Certa tarde, recebeu um comunicado referente a sua mãe, já bem idosa. A criada de confiança dizia-lhe ao telefone que ela estava muito mal, pois desde o dia do sepultamento do neto jogara-se ao leito e de lá não mais saíra.

Otaviano, tão rápido quanto lhe permitiram as forças, atendeu ao chamado.

Porém era tarde demais e viu-se novamente despedindo-se de um parente terreno, certo de encontrá-lo um dia, quando finda estivesse sua jornada.

Único herdeiro das propriedades de seus pais, viu-se ultrapassando mais de meio século de existência, dono de considerável fortuna. Mas o que fazer dela, e para que, se já não tinha com quem compartilhar? Sem hesitar, fez da antiga casa de seus pais um lar para idosos. Processou modificações na construção, requisitou médicos, enfermeiras e, instalando um ambulatório, surgiu um lar-hospital para a velhice desamparada.

Até o fim de seus dias, trabalhou e distribuiu palavras de esperança. Foi realmente um espírito cumpridor da palavra empenhada ao encarnar, até quando, de sorriso estampado na face, num dia triste para quantos permaneciam ainda na carne, mas alegre para ele e para os espíritos amigos, abandonou o velho corpo, caminhando levemente para Pouso Alegre, ciente de que seus filhos, sua esposa e os adorados avós, o aguardariam em plano maior, e quando ele fosse merecedor os veria.

Mas, em verdade, seus entes queridos o aguardavam saudosos e, apenas minutos após o desencarne, Otaviano já os abraçava.

Na Terra, choravam a perda preciosa do colaborador sem par, de alma generosa e boa, de espírito lúcido em sua fé, no testemunho da caridade, pelo exemplo vivo do cristianismo.

Deus, pela grandeza imensurável de Sua bondade, observa radiante um passo decisivo de Seus filhos para mais perto de Si, sem nunca os humilhar com os desagravos do passado, mas para exaltá-los nos progressos do futuro.

Maravilha da Criação! Dar ao espírito o esquecimento temporário das vidas pregressas e a essência de seu Criador: a Eternidade!

EPÍLOGO

EM POUSO ALEGRE, MADALENA e Vicente assumiram as aparências da penúltima encarnação, por lhes serem caras ao coração.

Otaviano e Violeta permaneciam como na última, em que, ditosos, haviam enfim construído o lar, que há muito teria sido solidificado sob bases de compreensão, se não fossem os erros cometidos. Adolfo era-lhes o filho do coração e Pedro o avô tão querido.

Irmão Gustavo, como sempre ativo em seus deveres, naquela tarde em que a todos parecia que Pouso Alegre se modificara, reuniu os seus colaboradores e expressou-se:

– Queridos amigos, durante dois séculos aqui permaneço procurando dar de mim o melhor, tempo esse que aprendi a amá-los como filhos, dando-lhes um pouco do que sei. Hoje despeço-me para uma vida no campo terreno, necessária dentro da lei do progresso. Deixo-os em companhia do dedicado Irmão Saluciano, assegurando ser ele um espírito valoroso, capacitado para esta tarefa, recebendo-a por justo mérito.

Saluciano tomou da palavra, agradecendo e, aproveitando o fato de estarem todos reunidos em sua primeira tarefa, comunicou-lhes:

– Hoje, o dia é de real alegria e de um pouco de saudade.

Como sabem, não é somente de Irmão Gustavo que nos despedimos, pois alguns de nossos colaboradores nos deixarão temporariamente para seguirem à Colônia

Irmão Agostinho, onde poderão aperfeiçoar-se mais no campo intelectual e moral. De minha parte, espero corresponder ao que o Plano Maior espera de mim.

Após mais algumas palavras e posteriores cumprimentos de felicitações, Violeta aproximou-se não só para abraçá-lo como também para explicar-se:

– Irmão, invade-me intensa alegria o desejo dos companheiros da Colônia, porém de bom grado, sendo possível, cederia a oportunidade a Otaviano... Bem, disse raciocinando mais calma, se ele não for, peço licença para ficar também...

– Violeta, cumpre o que lhe compete, e não vacile quanto à Providência que a tudo governa com sabedoria!

– Deseja deixar Pouso Alegre, Otaviano? – perguntou o orientador.

– Oh! não! Amo a todos deste cantinho, disse sorrindo...

– Mas Violeta deseja inverter, ela fica em Pouso Alegre enquanto você segue a Irmão Agostinho.

– Mas... não temos o direito de mudar decisões do Alto. Violeta é a referida para seguir à Colônia, e não eu!

– Exatamente assim deve ser.

E dirigindo-se à moça continuou:

– Não se rebele contra os ditames, embora sejam nobres seus desejos; nada a impede de ver Otaviano. Teremos grande prazer em sua vinda a estes sítios, que estarão sempre a seu dispor.

Conformada, Violeta viu-se na obrigatoriedade de despedir-se apressada, pois o carro que os transportaria já se aproximava...

Em meio aos acenos, lágrimas e sorrisos, mas seguramente numa grande felicidade geral, partiu o veículo levando consigo corações esperançosos e ávidos por trabalhar e aprender.

Quando o carro sumia no espaço, distinguindo apenas na imensidão um pontinho muito pequeno, Otaviano decidiu voltar às suas ocupações, embora com grande lacuna aberta em seu íntimo, pois naqueles poucos minutos que se antecederam, todos os entes que lhe eram caros partiram...

E ele muito teria de trabalhar ainda para alcançar a preciosa dádiva de unir-se a eles novamente.

Passou pelo quarto ocupado de Violeta, após o de Pedro, Adolfo e Vicente, deixando para logo mais, quando em seu descanso normal, passar pelo de Madalena, a fim de meditar e pedir à mãezinha tão querida que o amparasse, confortando-o por meio do pensamento. Porém ao passar perto da porta parou embevecido, ao sentir que vibrava no ar o mesmo delicioso perfume característico, e seria capaz de jurar que, se não fossem os últimos acontecimentos, ela ali estava presente, tamanha era a vibração haurida por ele. Entrou, sentou-se a uma pequena banqueta ali existente e libertou o pensamento, em extremosa prece.

Uma mão pousou em seu ombro e tão delicada era que, fazendo-o estremecer, julgou sonhar.

Virou-se rápido, seus olhos brilharam ao pousar no rosto amado de sua incansável protetora...

– Mãe!!! – A voz lhe sumira abafada, mas seu íntimo expandia-se sinceramente!

Abraçou-se a Madalena e esta retinha-o como se ainda pequenino fosse envolto em carícias maternas.

– Vim buscá-lo para juntos irmos à nossa Colônia, eu só a veria novamente a seu lado.

Surpreso, Otaviano não conseguia balbuciar uma palavra, alegria imensa o invadia.

Ela tomou-o pela mão e juntos saíram para o pátio. Simultaneamente olharam mais uma vez para aquele recanto do espaço onde aos dias tristes e ansiosos passados seguiram-se lições preciosas; e se hoje seus espíritos uniam-se deviam àquela casa e aos espíritos boníssimos que a dirigiam.

Em homenagem a Irmão Gustavo, proferiram uma prece de agradecimento. Relembraram os companheiros, os enfermos e a todos em geral, enviaram-lhes um pensamento benéfico e depois emudeceram...

Pouco a pouco, de mãos dadas, elevaram-se às alturas, em volição ágil...

No firmamento límpido, as estrelas fulguravam claras, brilhantes, e a grande Via Láctea percorria-o, maravilhosa de esplendor, pronunciando a estrada a palmilhar.

De um azul puríssimo era o céu, quando Otaviano e Madalena transpuseram os portões da Colônia, e seus olhos pousaram no grande hospital espiritual em arquitetura sóbria, em suas alamedas ladeadas de imensos jardins, onde as flores mais belas reluziam em beleza, e o aroma enchia o ar de delicada fragrância.

Admirado e perplexo, Otaviano devorou com os olhos todas aquelas belezas e, como um adolescente incerto, amparou-se em Madalena, temendo ser apenas uma visão.

Sorrindo meigamente e tomando-o pelas mãos, ela levou-o até as flores mais próximas e, indicando-as, expressou-se plena de felicidade:

– Ei-las, meu filho! Elas nos aguardam há anos, e hoje finalmente juntos estamos a contemplá-las.

Ajoelhando-se, agradeceu ao Pai:

"Deus, obrigada pela hora de suprema felicidade que me concedeis. Viva eu para a Vossa Glória."

Brilhava... sim, brilhava Madalena, todo amor, toda ternura.

Otaviano, que emudecera na prece, calava-se mais ainda ao fitá-la tão bela.

Levantaram-se e ambos caminharam em direção à porta de acesso ao hospital...

Lá certamente teriam novos empreendimentos, como a indicar que todo bem e todo progresso nunca findam, pois aquele que há conseguido vencer muitas de suas falhas compromete-se em auxiliar a quem ainda não o conseguiu, como uma dívida contraída, paga no tempo certo...

Somos, em verdade, uma grande família universal, interligando-se por elos invisíveis, mas suficientemente fortes para não serem destruídos com o tempo, mas sim alicerçados cada vez mais na sublime tarefa de redenção, através de sucessivas reencarnações!

FIM

Esta edição foi impressa nas gráficas da Assahi Gráfica e Editora, de São Bernardo do Campo, SP, sendo tiradas três mil cópias, todas em formato fechado 140x210mm e com mancha de 94x162mm. Os papéis utilizados foram o Holmen Book Cream (Holmen Paper) 60g/m² para o miolo e o cartão Poplar C1S (Chenming International) 300g/m² para a capa. O texto foi composto em Goudy Old Style 12,5/16 e o título em Avenir Next 30/35. Eliana Haddad e Izabel Vitusso realizaram a preparação do texto. Bruno Tonel elaborou a programação visual da capa e o projeto gráfico do miolo.

Abril de 2018